小生意大智慧

新创企业
管理培训
中心

组织编写

小而美的生意

生鲜店

化学工业出版社

·北京·

内容简介

《小而美的生意·生鲜店》一书系统梳理了开设一家生鲜店的各个环节，旨在为新创业者提供全面的指导和参考。从经营前的市场分析到经营中的问题解决，再到经营后的策略调整，本书将帮助创业者迅速从入门到精通，轻松打造属于自己的、独具特色的小门店。

本书内容丰富，具体包括市场调研与定位、店铺选址与装修、开业筹备与宣传、采购与供应链管理、商品展示与陈列、损耗管理与控制、价格策略与营销、日常运营与管理、顾客接待与服务、员工管理与维护、顾客接待与服务、业务拓展与探索、风险管理与合规、持续发展与扩张等。

本书内容实用性强，着重突出可操作性，是一本非常实用的开店指导手册和入门工具书；本书文字图表化，降低了阅读难度，提升了阅读效率；本书适合创业者、上班族，以及对开店感兴趣的读者阅读，可以让读者掌握应知应会的开店知识。

图书在版编目（CIP）数据

小而美的生意．生鲜店 / 新创企业管理培训中心组织编写． -- 北京：化学工业出版社，2024.9． --（小生意大智慧）． -- ISBN 978-7-122-46010-3

Ⅰ. F717.5

中国国家版本馆 CIP 数据核字第 202479LD20 号

责任编辑：陈　蕾　　　　　　　　　　装帧设计：溢思视觉设计／程超
　　　　　　　　　　　　　　　　　　　　　　　E-mail: isstudio@126.com
责任校对：张茜越

出版发行：化学工业出版社（北京市东城区青年湖南街 13 号　邮政编码 100011）
印　　装：三河市双峰印刷装订有限公司
880mm×1230mm　1/32　印张 6¾　字数 154 千字
2024 年 9 月北京第 1 版第 1 次印刷

购书咨询：010-64518888
售后服务：010-64518899
网　　址：http://www.cip.com.cn
凡购买本书，如有缺损质量问题，本社销售中心负责调换。

定　　价：39.80 元

开家小店，投资小，见效快！

在电子商务蓬勃发展的今天，小而美的生意模式既适合实体店运营，也能轻松拓展至线上平台，成为年轻人投资创业的热门选择。此类项目以其投资少、回报高的特点，备受青睐。

小而美的生意模式，顾名思义，其投资成本相对较低，风险较小，且经营方式灵活多变。这种模式对启动资金要求不高，降低了创业门槛，使更多人有机会参与其中。同时，由于专注于某一细分市场或特定需求，它们的市场风险相对较低。经营者可根据市场变化灵活调整经营策略，保持业务的灵活性。虽然规模较小，但通过精细化的管理和优质的服务，这类小店往往能实现稳定的收益，并在激烈的市场竞争中脱颖而出。

然而，经营小而美的生意并非易事，需要创业者具备敏锐的市场洞察力、创新精神和卓越的管理能力。这些能力并非人人天生具备，但通过学习和实践，每个人都可以逐渐掌握。

为此，我们特别组织了一线从业人员和培训老师，编写了《小而美的生意·生鲜店》一书，本书系统梳理了开设一家生鲜店的各个环节，旨在为新创业者提供全面的指导和参考。从经营前的市场分析到经营中的问题

解决,再到经营后的策略调整,本书将帮助创业者迅速从入门到精通,轻松打造属于自己的、独具特色的小门店。

本书内容丰富,具体包括市场调研与定位、店铺选址与装修、开业筹备与宣传、采购与供应链管理、商品展示与陈列、损耗管理与控制、价格策略与营销、日常运营与管理、顾客接待与服务、员工管理与维护、顾客接待与服务、业务拓展与探索、风险管理与合规、持续发展与扩张等。

本书内容实用性强,着重突出可操作性,是一本非常实用的开店指导手册和入门工具书;本书文字图表化,降低了阅读难度,提升了阅读效率;本书适合创业者、上班族,以及对开店感兴趣的读者阅读,可以让读者掌握应知应会的开店知识。

编　者

目录

第 1 章

市场调研与定位

关键词：
了解需求
收集信息
制定策略

生鲜店的市场调研与定位是相互关联、相互影响的两个过程。通过深入的市场调研和精准的定位，生鲜店可以更好地把握市场需求和竞争态势，为后续的经营策略制定和成功运营奠定坚实的基础。

【要点解读】▶▶▶ - - - - - - - - - - - - - - - - - -

1 明确调研目标：把握方向，精准出击

生鲜店市场调研是一项系统性工程，旨在通过详尽的数据收集与分析，洞察市场现状、消费者偏好以及竞争态势。在此过程中，确立明确的调研目标至关重要，它作为整个调研流程的指针，确保所获取的信息具有高度的针对性和实用性。这些调研成果将为生鲜店的精准定位、经营策略规划以及未来发展方向提供坚实的科学依据。

具体来说，生鲜店市场调研的目标可以包括表1-1所示的几个方面。

表 1-1　市场调研的目标

序号	调研目标	具体说明
1	市场规模与增长趋势	（1）了解生鲜市场的总体规模，包括年销售额、消费者数量等关键指标 （2）分析市场的增长趋势，预测未来几年的市场规模和发展速度
2	消费者需求与行为	（1）深入探究消费者的购买习惯，包括购买频率、购买时间、购买地点等 （2）分析消费者对生鲜产品的品质、价格、新鲜度等方面的需求和偏好 （3）了解消费者对生鲜店的服务、环境等方面的期望和要求
3	竞争态势分析	（1）识别市场上的主要竞争对手，包括其市场份额、产品特点、价格策略等 （2）评估竞争对手的优势和劣势，找出自身的竞争机会和威胁 （3）分析市场上的竞争格局和趋势，预测未来可能的竞争态势
4	供应链与成本分析	（1）调查生鲜产品的供应链情况，包括供应商、采购渠道、运输方式等 （2）分析生鲜产品的成本构成，包括采购成本、运输成本、损耗成本等 （3）评估不同供应链和成本策略对生鲜店经营的影响
5	政策法规与行业标准	（1）了解与生鲜店经营相关的政策法规，如食品安全法规、市场准入标准等 （2）分析政策法规对生鲜店经营的影响，包括合规要求、潜在风险等 （3）调查行业标准及认证情况，以便提升生鲜店的行业地位和竞争力
6	市场机会与潜在风险	（1）发现市场上的新兴需求和趋势，为生鲜店的创新和发展提供方向 （2）评估潜在的市场风险和挑战，如供应链风险、竞争风险等

在达成上述目标后，生鲜店将能够精准捕捉市场动态及消费者需求，据此制定更为贴合市场实况的经营策略与发展规划。此外，市场调研的深入实施还有助于生鲜店洞察潜在的市场机遇与风险，为未来发展筑牢坚实的基础并提供强有力的支持。

2 | 设计调研方案：细致规划，步步为营

生鲜店需根据调研目标，设计具体的调研方案，包括确定调研内容、调研方法、样本选择、调研时间等，从而确定调研的具体步骤和流程，确保调研的顺利进行。

2.1 确定调研内容

根据调研目标，设计具体的调研内容，主要包括以下几个方面。

（1）消费者洞察：深入探究消费者的购买习惯、需求倾向以及价格敏感程度。通过精心设计的问卷调查和深度访谈，能够有效收集并分析这些数据。

（2）竞品分析：对竞争对手的产品特性、定价策略以及市场占有率进行全面剖析。借助实地考察和网络检索，能够获取丰富的竞品信息。

（3）市场概览：聚焦于生鲜市场的整体规模与增长态势，收集相关数据和趋势。可依托行业报告、统计资料等权威来源，为生鲜店的发展提供有力参考。

2.2 调研方法选择

根据调研内容，选择合适的调研方法。常见的调研方法有图1-1所示的几种。

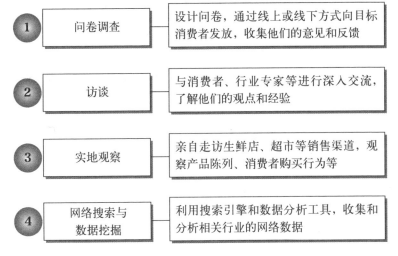

1	问卷调查	设计问卷，通过线上或线下方式向目标消费者发放，收集他们的意见和反馈
2	访谈	与消费者、行业专家等进行深入交流，了解他们的观点和经验
3	实地观察	亲自走访生鲜店、超市等销售渠道，观察产品陈列、消费者购买行为等
4	网络搜索与数据挖掘	利用搜索引擎和数据分析工具，收集和分析相关行业的网络数据

图1-1 常见的调研方法

2.3 样本选择

正确的样本选择可以确保调研结果的准确性和代表性，从而为店铺的开业和后续经营提供有力的决策支持。在样本选择时，应注意如表1-2所示的要点。

表1-2 样本选择的注意要点

序号	注意要点	具体说明
1	明确目标群体	对于生鲜店而言，首要任务是明确目标消费者群体。这应基于店铺的定位、产品特色以及市场策略。目标群体可能涵盖家庭主妇、年轻白领等多元群体
2	考虑地理位置	在选取样本时，应充分考虑生鲜店所在地域的消费者分布。若店铺位于城市核心地带，则样本应侧重于市区消费者；若位于郊区或城乡接合处，则应聚焦于郊区消费者

序号	注意要点	具体说明
3	确定样本数量	样本数量直接关联调研结果的准确性和可靠性。增大样本量通常能提升结果的代表性，但也要权衡调研成本和时间。因此，在保障准确性的前提下，应科学选择样本数量
4	多样化样本来源	为确保市场信息的全面性，建议从多个渠道获取样本数据。线上问卷调查、线下访谈、社区活动等均是有效途径。同时，应涵盖不同年龄、性别、职业的消费者群体
5	样本的随机性和代表性	在样本选择过程中，务必确保样本的随机性和代表性。避免偏见或忽视特定群体，可通过随机抽样、分层抽样等方法提高样本的代表性
6	考虑竞争对手的客户	为了深入了解市场竞争态势，不妨将竞争对手的客户纳入样本考量。了解他们的购买偏好、对竞争对手的评价等信息，有助于为自身的市场策略提供有价值的参考

2.4　确定调研时间

生鲜店在开店前的市场调研时间应根据具体情况来安排，以确保调研的充分性和准确性。

首先，市场调研应在生鲜店开店计划确定后尽早开始进行。这样可以为店铺的筹备和开业提供充足的时间来分析和应对市场情况。市场调研的持续时间应根据调研的复杂性和所需数据的详细程度来确定。一般来说，较全面的市场调研可能需要数周到数月的时间来完成。

其次，调研时间的选择也要考虑市场的周期性变化。

比如，生鲜市场的需求和价格可能会受到季节、节假日等因素的影响，因此最好在这些特殊时期之前或之后进行调研，以获取更稳定的市场数据。

此外，还需要考虑竞争对手的促销活动时间。如果竞争对手有定期的促销活动，那么在促销活动期间或之后进行调研可能更有意义，因为这样可以观察到消费者对这些活动的反应，以及活动对竞争对手销售的影响。

 生意经

生鲜店开店前的市场调研时间应根据实际情况灵活安排，既要确保调研的充分性，又要避免时间过长导致开店计划延误。同时，要注意市场调研的连续性和周期性，以便随时掌握市场动态。

3 收集资料与数据：信息汇集，洞察市场

生鲜店在市场调研过程中，要利用各种渠道收集资料和数据，通过有效的市场调研和数据收集，可以更好地了解市场需求和竞争态势，为开业和后续经营奠定坚实的基础。

3.1 收集资料与数据的渠道

收集资料与数据的渠道主要有表1-3所示的几种。

表1-3　收集资料与数据的渠道

序号	收集渠道	具体说明
1	网络调研	（1）通过搜索引擎、行业网站及社交媒体，全面搜集生鲜市场的最新动态、市场趋势以及竞争对手的详细信息 （2）深入研究行业报告和市场分析报告，掌握整体市场规模、增长趋势和各细分市场的具体占比

序号	收集渠道	具体说明
2	实地调研	（1）深入探访各类生鲜市场、超市和农贸市场，细致观察市场布局、产品陈列及价格水平 （2）与商户和消费者直接交流，了解他们对生鲜产品的具体需求、购买习惯以及对价格的敏感程度
3	客户访谈	（1）针对潜在的目标客户群体进行访谈，探寻他们的消费习惯、对生鲜产品的期望以及对价格的接受范围 （2）通过访谈收集客户对生鲜店选址、店内环境和服务等多方面的宝贵建议和意见
4	问卷调查	设计简洁明了的问卷，通过线上或线下的方式向目标客户群体发放，收集他们对生鲜产品的需求、偏好及购买频率等关键信息。问卷设计避免过于复杂或敏感的问题，以提高问卷的回收率和数据有效性
5	第三方数据平台	借助专业的市场调研公司或数据平台，获取更为详细和全面的市场数据。这些平台提供定制化的市场调研服务，能够根据生鲜店的具体需求进行调研设计和数据分析

3.2 需收集的资料与数据

在市场调研中，要收集的资料与数据包含如图1-2所示的两个方面。

竞争对手分析	政府与行业机构数据
（1）收集竞争对手的资料，包括他们的产品种类、价格、促销策略、客户评价等 （2）分析竞争对手的优势和劣势，以便找到自身的差异化竞争点	（1）查询政府发布的关于生鲜市场的政策、法规、统计数据等 （2）关注行业协会、研究机构等发布的行业报告和研究成果，了解行业发展趋势和前景

图1-2 需收集的资料与数据

3.3 收集资料与数据的注意事项

在收集资料与数据时，要注意如图1-3所示的几点。

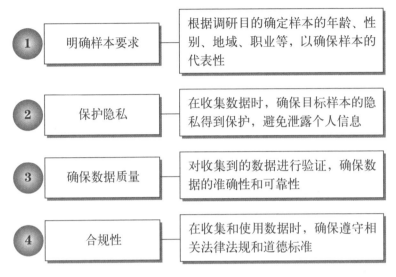

图1-3 收集资料与数据的注意事项

4 分析市场情况：深入剖析，掌握脉搏

生鲜店在开店前进行市场调研时，分析市场情况是至关重要的一环。这有助于店铺了解市场的整体规模、增长趋势、竞争格局以及消费者需求等方面的信息，为制定开业计划和经营策略提供有力的依据。

生鲜店在开店前进行市场调研时，要全面、深入地分析市场情况。通过了解如图1-4所示方面的信息，为店铺的开业和后续经营提供有力的支持。

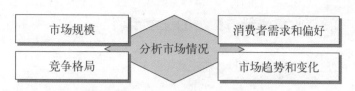

图1-4 分析市场情况应包含的内容

4.1 市场规模

深入了解生鲜市场的整体规模及近年来的增长轨迹，为判断市场潜力和拓展空间提供有力依据。同时，聚焦不同细分市场的份额和演变趋势，有助于精准定位适合自身发展的细分市场。

4.2 竞争格局

对竞争对手的数量、规模、产品特色、定价策略及市场份额等信息进行全面梳理。通过对比分析，明确自身的竞争优势与不足，挖掘潜在的市场机会，并识别潜在的市场挑战。

4.3 消费者需求和偏好

借助问卷调查、访谈等多元化方式，收集消费者对生鲜产品的品种、品质、价格、购买渠道等方面的反馈与期望。这一举措有助于生鲜店更精准地满足消费者需求，进而提升客户满意度与忠诚度。

4.4 市场趋势和变化

鉴于消费者对健康与安全的高度关注，生鲜市场正经历着持续的变革。因此，生鲜店需保持敏锐的市场触觉，灵活调整经营策略，确保紧跟市场变化，实现持续发展。

5 竞争对手分析：知己知彼，百战不殆

通过对竞争对手的深入了解，生鲜店可以明确自己在市场中的定位，制定有效的竞争策略，从而提高开店的成功率。一般来说，竞争对手分析的主要步骤如图1-5所示。

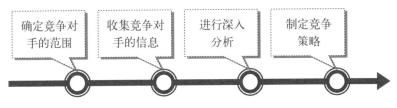

图1-5　竞争对手分析的步骤

5.1　确定竞争对手的范围

明确竞争对手的范围，包括直接和间接竞争对手。直接竞争对手为在同一地区提供相似产品或服务的商家；而间接竞争对手则提供可能替代你的产品或服务的不同选择。

5.2　收集竞争对手的信息

多渠道收集竞争对手的信息，包括实地考察竞争对手的店面布局、产品陈列与价格策略；利用网络搜索掌握其官方网站、社交媒体动态及客户评价；通过客户访谈了解消费者对竞争对手的满意度和看法。

5.3　进行深入分析

在充分收集信息后，对竞争对手进行深度分析，涵盖其产品特

性、价格策略、营销手段等多个方面。同时，注意洞察竞争对手的优劣势，为自身找到差异化的竞争突破口。

5.4 制定竞争策略

最后，依据竞争对手分析的成果，精心策划自身的竞争策略，确保在市场中保持竞争力。

比如，竞争对手在价格上具有优势，那么我们可以考虑在产品质量、服务或产品特色上寻求突破；如果竞争对手在营销手段上较为单一，我们可以尝试采用多元化的营销策略来吸引更多客户。

6 评估市场机会与风险：明辨利弊，审慎决策

根据市场分析和竞争对手分析的结果，评估市场机会和潜在风险。这不仅有助于生鲜店明确自身在市场中的定位，还能为制定开业计划和经营策略提供有力的依据。

6.1 评估市场机会

市场规模和增长趋势是评估市场机会的重要指标。通过了解生鲜市场的整体规模以及近年来的增长趋势，可以判断市场的潜力和发展空间。同时，分析消费者的需求、购买习惯以及市场细分，可以进一步找到适合自身定位的细分市场。此外，还需关注行业的发展趋势和新兴技术，如冷链物流、智能零售等，这些都可能为生鲜店带来新的市场机会。

6.2 评估市场风险

在评估市场机会的同时，也不能忽视风险的存在。生鲜市场的风险主要来自供应链不稳定、价格波动、竞争激烈等方面。供应链的不稳定可能导致货源不足或质量不稳定，进而影响店铺的正常运营。而价格波动则可能使店铺的利润空间受到挤压。此外，随着生鲜市场的不断发展，竞争也日益激烈，如果不能在竞争中脱颖而出，店铺的生存将面临严峻挑战。

为了降低风险并充分利用市场机会，生鲜店在开店前需要进行全面的市场调研和风险评估。具体来说，可以通过如图1-6所示的方式来实现。

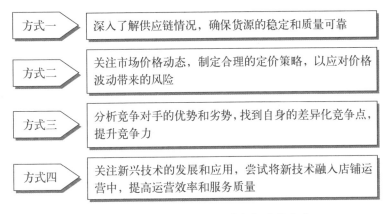

方式一　深入了解供应链情况，确保货源的稳定和质量可靠

方式二　关注市场价格动态，制定合理的定价策略，以应对价格波动带来的风险

方式三　分析竞争对手的优势和劣势，找到自身的差异化竞争点，提升竞争力

方式四　关注新兴技术的发展和应用，尝试将新技术融入店铺运营中，提高运营效率和服务质量

图1-6　降低风险并充分利用市场机会的方式

总之，生鲜店在开店前的市场调研中应全面评估市场机会与风险。通过深入了解市场需求、竞争态势以及行业发展趋势等信息，为店铺的开业和后续经营提供有力的支持和保障。同时，也要保持敏锐的市场洞察力和风险意识，及时调整经营策略以应对市场变化带来的挑战。

7 制定市场策略：策略先行，决胜千里

根据调研报告，制定适合生鲜店的市场策略，包括产品定位、价格策略、营销策略等，并根据市场变化和竞争态势，及时调整和优化市场策略，如表1-4所示。

表1-4 市场策略的主要内容

序号	策略要点	具体说明
1	产品策略	基于市场调研结果，确立产品的核心属性，包括种类、品质及包装。例如，针对当前市场对有机、绿色、健康食品的追捧，应着重推广此类产品。同时，强化产品的包装设计与品牌形象，从而提升产品的整体附加值
2	定价策略	结合产品成本、市场需求以及竞争对手的定价策略，制定合理且具竞争力的定价方案。可考虑实施差异化定价策略，根据产品类型或消费者购买量，提供不同程度的价格优惠，以吸引不同层次的消费者
3	渠道策略	精心选择销售渠道，如线上电商平台、实体店销售、社区团购等。根据目标消费者的购买习惯与偏好，以及企业自身的资源与实力，进行多渠道布局，以确保产品能够覆盖更广泛的消费群体
4	推广策略	制订全面且高效的推广计划，涵盖广告、促销、公关等多种手段。积极利用社交媒体、短视频等新媒体工具，加大宣传推广力度，以吸引更多潜在消费者，并提升品牌知名度与美誉度

生鲜店开店前的市场调研和制定市场策略是一个持续的过程，需要不断收集信息、分析市场、调整策略，以适应不断变化的市场环境。通过科学的市场调研和制定合理的市场策略，生鲜店可以更好地满足消费者需求，提升竞争力，实现稳健发展。

生意经

在整个调研过程中，需要保持客观和谨慎，确保调研结果的准确性和可靠性。同时，也要注意保护消费者和竞争对手的隐私和权益，遵守相关法律法规和道德标准。

案例分享

某生鲜品牌计划入驻一个人口稠密、消费力强且生鲜店竞争尚不激烈的大型居民区。为确立竞争优势，品牌计划通过深入的市场调研和精准定位，制定有效的经营策略。

1.市场调研

（1）消费者需求调研：通过问卷调查与访谈，该生鲜店收集到目标消费群体的购买习惯、需求特点及价格敏感度等信息。结果显示，当地居民对生鲜产品要求品质高、新鲜且价格合理，同时对有机、绿色、健康食品有浓厚兴趣。

（2）竞品深度分析：对周边竞品进行实地探访和细致调研，该生鲜店发现其有机、绿色生鲜产品的供应上存在不足，且品质参差不齐。这为该生鲜店提供了差异化竞争的机会。

2.市场定位

基于调研结果，该生鲜店将自身定位为"高品质、有机、绿色的生鲜超市"。主打有机、绿色、健康的生鲜产品，满足消费者对高品质食品的追求。同时，该生鲜店致力于提升服务质量和购物体验，通过提供便捷的购物流程、优质的售后服务等，吸引并留住更多消费者。

3.经营策略

（1）产品策略：该生鲜店秉持高品质原则，精选有机、绿色生鲜产品，确保每一份食材都具备卓越的品质和新鲜度。此外，为满足不同消费者的口味和需求，该生鲜店还精心研发并引入了特色产品，如有机蔬菜系列和草本茶饮等，力求为消费者带来更为丰富多样的选择。

（2）价格策略：针对消费者对价格的敏感度，该生鲜店采用了合理的中高端定价策略，确保产品价格与其卓越品质相匹配。同时，为了回馈广大消费者，店铺还精心策划了一系列促销活动，如满减优惠、限时折扣等，旨在吸引更多消费者前来选购。

（3）渠道策略：除了传统的实体店销售模式，该生鲜店还积极开拓线上销售渠道，为消费者提供便捷的购物体验。此外，该生鲜店还与周边社区、企事业单位建立了稳固的合作关系，通过团购、配送等多元化服务，进一步拓宽销售渠道，满足更多消费者的需求。

案例点评：

经过详尽的市场调研与精准的市场定位，该生鲜店成功确立了自身的独特竞争优势和有效的经营策略。自开业以来，该生鲜店迅速获得消费者的青睐，销售额持续增长，成为该区域备受瞩目的生鲜超市之一。

此案例深刻揭示了生鲜店在开业前进行市场调研和定位的重要性。通过深入洞察市场需求和消费者偏好，店家能够量身定制符合市场趋势的经营策略，从而在竞争激烈的商业环境中独树一帜，实现业务的快速崛起。

第 2 章

店铺选址
与装修

关键词:
位置适宜
布局合理
舒适卫生

生鲜店的选址与装修是两个至关重要的环节,直接影响到店铺的运营效果和顾客的购物体验。通过科学的选址和精心的装修,生鲜店能够提升品牌形象和消费者体验,从而在激烈的市场竞争中脱颖而出。

【要点解读】▶▶▶ -

1　选址需考虑的因素:地利人和,旺铺之选

生鲜行业以其高频消费和刚性需求等特性,为生鲜店带来了相对稳定的经营基础。然而,即便是如此有潜力的行业,若选址不当,一切努力亦将付诸东流。选址并非仅仅选择一个店面,而是需要深入考量客流量、消费者购买力,以及区域竞争力等多维度因素。通过细致的市场分析和精心筛选,能够觅得一处既迎合市场需求又具备竞争优势的理想店铺位置。

1.1 人流量与顾客群体

生鲜店的成功经营离不开稳定的顾客群体，因此选址时务必考虑人流量及顾客群体的特点。需全面评估人口密度、居民结构、消费习惯等因素，确保所选位置能够充分满足目标顾客群体的日常需求。同时，也要深入洞察目标市场的购买力和消费习惯，以制定更为精准的产品定位和价格策略。

1.2 竞争环境

在选址过程中，周边竞争对手的情况不容忽视。应全面分析其他生鲜店、超市、农贸市场等竞争对手的产品种类、价格策略以及服务水平，以便明确自身在市场上的定位，并制定相应的竞争优势策略。在选址时，应避开竞争过于激烈的区域，同时考虑在竞争尚不激烈或尚未涉足的市场中开设店铺，以获取更大的市场份额。

1.3 交通条件与便利性

交通条件对生鲜店的运营具有重要影响。在选址时，需关注周边道路的畅通情况、公共交通站点的设置以及停车设施的便捷性。良好的交通条件将有助于吸引更多顾客前来购物，提高店铺的客流量。

1.4 基础设施与环境因素

选址时还需考虑基础设施和环境因素。周边应具备完善的供水、供电、排污等基础设施，以确保店铺的正常运营。同时，环境整洁、卫生也是吸引顾客的重要因素，将直接影响顾客的购物体验和店铺的口碑。

1.5　安全性

在选择生鲜店的地址时，安全性是不可或缺的考量因素，旨在确保员工和顾客的人身与财产安全。因此，需要细致评估周边的治安状况，并留意潜在的安全隐患。

1.6　租金与成本

租金是生鲜店运营成本的关键部分，选址时需审慎评估其合理性。同时，应综合考虑其他成本，如装修投入、人员薪资及水电费等日常开销，确保选址在经济层面具备可行性。在保障店铺位置合适与运营效益的前提下，合理控制租金和成本，是确保店铺长期稳健发展的关键。

1.7　商业配套与未来发展

选址时，还需关注周边商业配套设施的完善程度，如银行、邮局、学校等，这些都能为店铺运营提供便利与支持。此外，还需关注该区域的未来发展规划，确保店铺能够顺应区域发展，实现长期稳定的增长。

 生意经

　　生鲜店选址是一项需要深思熟虑的决策，它涉及多个关键因素的考量。通过严谨的市场调研和实地踏勘，结合店铺的经营策略和对目标市场的精准定位，可以精准锁定一个既符合市场期望又具有明显竞争优势的理想店址。

2 布局设计：空间优化，顾客至上

生鲜店的布局设计是一个细致且多维度的考量过程。经过精心规划与设计，能够设计一个既舒适又便捷的购物空间，同时融入趣味性元素，为顾客带来愉悦的购物体验。这样的设计不仅能显著提升顾客满意度和忠诚度，更能有效促进销售增长，进而实现品牌价值的显著提升，具体要求如表2-1所示。

表2-1 布局设计要求

序号	设计要求	具体说明
1	入口与通道设计	入口应宽敞、明亮，方便顾客进出。通道设计要合理，避免过于狭窄或曲折，确保顾客能够顺畅地浏览和选购商品。同时，通道的宽度和走向也要考虑到人流量的变化，以便在高峰时段能够容纳更多的顾客
2	产品分类与陈列	根据产品的种类和特性进行分类陈列，使顾客能够快速找到所需商品。同时，要注意陈列的层次感和视觉效果，利用不同高度的货架和陈列工具，创造出丰富的空间感和立体感。另外，要注重产品的包装和标签，确保信息清晰、准确，方便顾客识别和选择
3	保鲜与卫生	生鲜产品对保鲜和卫生要求极高，因此布局设计时要充分考虑产品的储存和保鲜需求。合理设置冷藏、冷冻设备，确保产品的新鲜度和卫生状况。同时，要保持店内卫生，定期清洁和消毒，为顾客提供一个安全、健康的购物环境
4	服务设施与互动体验	提供便捷的服务设施，如收银台、休息区、洗手间等，提升顾客的购物体验。此外，可以设置互动体验区，如试吃区、烹饪教学区等，增加顾客参与度和黏性，提升店铺的吸引力
5	空间利用与灵活性	在布局设计时，要充分考虑空间的利用效率和灵活性。根据店铺的实际面积和形状，合理规划各个区域的大小和位置，确保空间得到充分利用。同时，要考虑到未来可能的变化和扩展需求，使布局设计具有一定的灵活性和可调整性

生意经

在具体实施时，还需根据店铺实际情况进行调整和优化。例如，根据店铺面积、形状和结构等因素，灵活调整布局设计方案。此外，要关注市场变化和顾客需求的变化，定期更新和调整布局设计，以保持店铺的竞争力和吸引力。

3 照明设计：光影艺术，营造氛围

生鲜店的照明设计是营造舒适购物环境和提升产品展示效果的关键环节。通过合理的照明设计，可以营造出舒适、明亮的购物环境，提升产品的展示效果，从而吸引更多的顾客，具体如表2-2所示。

表2-2 照明设计要求

序号	设计要求	具体说明
1	基础照明	基础照明是整个店铺的主要光源，应确保店内光线均匀、柔和，为顾客提供足够的能见度。这样有助于顾客在店内自由行走和挑选商品，同时也营造出整洁、明亮的购物环境
2	商品照明	商品照明是为了突出展示生鲜产品而设置的。通过使用聚光灯、射灯等灯具，将光线聚焦在特定商品上，可以增强产品的视觉吸引力。对于色彩鲜艳的水果和蔬菜，可以采用高显色性的光源，以还原其真实色彩；对于肉类和海鲜等产品，则可以选择柔和的冷光源，营造出新鲜、清爽的视觉效果
3	装饰照明	装饰照明主要用于营造店铺的氛围和特色。例如，可以使用吊灯、壁灯等灯具，增加店铺的温馨感和层次感。同时，也可以通过调整灯光的亮度和色温，营造出不同的氛围和场景，以吸引顾客的注意力

序号	设计要求	具体说明
4	照明布局	在照明布局方面，应考虑到店铺的整体布局和产品陈列方式。不同区域的照明需求可能有所不同，因此需要根据实际情况进行合理的布局。例如，在货架区域可以设置均匀的基础照明，而在展示区则可以使用有聚焦效果的商品照明
5	节能与环保	在照明设计中，还需要考虑到节能和环保的因素。可以选择使用高效节能的LED灯具，减少能源浪费；同时，也要关注灯具的环保性能，选择符合相关标准的产品

 生意经

《食用农产品市场销售质量安全监督管理办法》第七条第二款规定"销售生鲜食用农产品，不得使用对食用农产品的真实色泽等感官性状造成明显改变的照明等设施误导消费者对商品的感官认知"。

🔗 **相关链接**

生鲜店照明设计的科学之道

生鲜店的灯光设计是一个全方位考量的过程，需平衡多种要素以确保照明效果与店铺氛围、品牌形象及商品展示需求相得益彰。

1.照明需求与功能

灯光设计首要考虑的是不同区域的功能性需求。货架

区需保持光线明亮均匀，确保商品一览无余；展示区则运用聚焦照明，突出特色产品。同时，收银台和工作区需确保操作便捷，照明适宜。

2.色彩还原性

生鲜产品以其鲜艳的色彩吸引顾客，因此灯光设计需确保产品色彩的真实呈现。选用高显色性灯具，展现产品最自然的色泽，让顾客能直观感受到产品的品质。

3.氛围营造

灯光设计是塑造店铺氛围的关键。根据品牌形象和目标顾客群体，选择适宜的亮度、色温及照明方式，营造温馨、舒适、时尚的购物环境。

4.节能环保

环保与节能是现代商业照明的重要衡量指标。采用高效节能的LED灯具，不仅能降低能耗，减少碳排放，还能降低维护成本，延长使用寿命。

5.安全与舒适性

灯光设计需确保顾客在店内的舒适体验。避免眩光、刺眼等不适感，保证顾客在浏览和选购商品时能够感到舒适自在。

6.灵活性与可调性

考虑到不同时段和促销活动需求的变化，灯光设计应具备可调节性。通过智能照明系统，轻松调整灯光亮度和色温，满足不同场景下的照明需求。

7.维护与管理

灯光设计的维护与管理同样重要。选择易于维护的灯具和合理的照明布局，降低维护成本，确保照明效果的持久稳定。定期检查和维护灯具，保障其正常运行，为顾客提供优质的购物体验。

4 色彩设计：色彩魔法，吸引眼球

生鲜店的色彩设计需要从多个方面进行考虑，包括如表2-3所示的各种因素。通过合理的色彩设计，可以营造出舒适、自然、生动的购物环境，提升顾客的购物体验和店铺的品牌形象。

表2-3 色彩设计需考虑的因素

序号	考虑因素	具体说明
1	色彩与品牌形象	为了体现品牌的自然、健康理念，生鲜店可以选择绿色、蓝色等自然色调作为主色。这些色彩不仅给顾客带来清新、舒适的感觉，更与生鲜产品的新鲜、健康属性相得益彰
2	色彩与空间感	色彩的运用还能巧妙营造不同的空间感。冷色调如蓝色、紫色能营造开阔感，使空间显得更为宽敞；而暖色调如红色、黄色则能拉近与顾客的距离，营造出温馨、亲切的购物氛围
3	色彩与产品展示	在生鲜店中，色彩设计还需考虑产品的展示效果。通过与产品色彩相协调的店面色彩，可以凸显产品的新鲜度和吸引力。同时，利用色彩对比也能更好地突出特定产品，引导顾客的注意力

序号	考虑因素	具体说明
4	色彩搭配与层次感	色彩设计时，不同色彩的搭配和层次感同样重要。合理的色彩组合可以清晰划分不同区域，如冷藏区、蔬果区、肉类区等，使顾客能够迅速了解店铺布局和产品分类
5	色彩与照明	照明是影响色彩效果的关键因素。合适的照明能够增强色彩的鲜艳度和饱和度，使店面更加明亮、生动。因此，在色彩设计时，务必考虑到照明的影响，确保色彩与照明之间的和谐统一

5 材质选择：质感出众，彰显品质

生鲜店装修的材质选择至关重要，它直接关系到店铺的实用性、美观性、耐用性以及顾客的购物体验。具体来说，生鲜店装修时在材质选择上需考虑如表2-4所示的因素。

表2-4　材质选择需考虑的因素

序号	材质类型	考虑因素
1	地面材质	（1）瓷砖：耐磨防滑，且易于清洁，特别适用于生鲜店高人流量的区域，防滑瓷砖更是确保顾客与员工安全的首选 （2）木地板：美观自然，适合用于生鲜店的休息区或展示区，但需注重防水处理，避免受潮变形 （3）防滑地垫：在冷冻区或易积水区域，铺设防滑地垫能有效增强安全性
2	墙面材质	（1）防水涂料：易清洁，能够抵御生鲜产品带来的污渍和湿气，是生鲜店墙面装修的理想选择 （2）瓷砖：同样具有防水易清洁的特点，适用于生鲜店的墙面装饰 （3）木质饰面：若想营造温馨氛围，可选用木质饰面，但同样需做好防水处理，以防受潮

序号	材质类型	考虑因素
3	货架与陈列柜材质	（1）金属货架：坚固耐用，清洁简便，尤其适合存放重物 （2）木质货架：自然美观，但需考虑防潮和承重能力，以确保使用安全 （3）玻璃陈列柜：透明度高，能直观展示生鲜产品的新鲜度，但成本较高，需定期清洁保养
4	其他设施	（1）冷藏设备：为确保生鲜产品的新鲜度，应选择高效节能、温度稳定的冷藏设备 （2）收银台：石材或木质收银台美观耐用，可根据店铺风格选择适合的材质

 生意经

　　在选择材质时，还需要考虑成本、环保性、施工难度等因素。建议根据生鲜店的实际情况和预算，选择性价比高、符合品牌形象的材质进行装修。同时，也要注重材质之间的搭配和协调，营造出一个舒适、美观、实用的购物环境。

6 品牌标识与宣传：形象鲜明，深入人心

　　生鲜店的装修设计，既是店面美观与实用性的展现，更是品牌形象塑造和信息传递的关键。

6.1 装修与品牌标识

　　品牌标识，作为生鲜店形象的核心元素，直接承载着店铺的价值观、特色与服务理念。在装修设计中，品牌标识应被置于显著位

置，如店面中心或入口，确保顾客一进入便能感知到品牌的魅力。同时，品牌标识的设计风格需与整体装修相协调，形成统一的视觉体验。

在装修过程中，色彩、材质、灯光等元素均可作为营造品牌氛围的工具。

比如，选择与品牌标识色彩相呼应的装修色调，或采用具有环保、健康特性的装修材料，都能凸显品牌对品质生活的追求。

6.2　装修与宣传信息的展示

宣传信息的展示，同样是生鲜店装修中不可或缺的一环。通过海报、展板、灯箱等多种形式，能够向顾客传递促销信息、新品推荐、健康饮食理念等。这些信息不仅能激发顾客的购买欲望，还能增强他们对品牌的认知与信任。如今，数字化宣传手段在生鲜店装修中愈发重要。

比如，安装电子显示屏或触摸屏，实时更新促销信息、产品介绍等，为顾客提供更为便捷、直观的信息获取方式。

综上所述，生鲜店的装修设计需充分融合品牌标识与宣传需求，通过巧妙的布局、色彩搭配、材质选择以及数字化手段的运用，打造出一个既美观又实用的购物环境，同时传递出品牌的独特价值，提升品牌影响力与竞争力。

案例分享

某生鲜店坐落于城市繁华商业区与大型居民区的交汇点，毗邻多个中高档住宅区、办公楼以及一所大型学校。此地段人流量密集，目标顾客群体广泛，涵盖家庭主妇、上班族和学生等多类人群。此外，其交通网络发达，多条公交线路和地铁站点交会于此，极大地方便了顾客前来选购。周边商业氛围浓厚，与大型超市、餐饮店等形成商业集群，进一步提升了该地段的吸引力。

在店面装修上，该生鲜店秉承简约、明亮、卫生的原则。以白色和绿色为主色调，打造出清新自然的购物环境。墙面和地面均选用了防滑、易清洁的材质，确保店内的卫生安全。商品陈列方面，店铺采用开放式货架和冷藏柜，将各类生鲜产品分类摆放，便于顾客挑选。店内设有专门的果蔬区、肉类区、海鲜区等，每个区域都配备清晰的标识和价格标签。

为提升顾客体验，该生鲜店还特别设置了顾客休息区。在此区域，顾客可以在购物之余享受片刻的宁静，品尝店内美食。同时，店内提供免费Wi-Fi和充电设施，以方便顾客。

在照明设计上，该生鲜店采用柔和的自然光照明，不仅凸显了商品的色泽和新鲜度，更营造出一个舒适、温馨的购物氛围。此外，店铺还注重节能和环保，选用高效节能的LED灯具，减少能源消耗，为地球环保尽一份力。

案例点评：

该生鲜店在选址和装修环节均精准把握了市场需求与顾客体验，凭借深思熟虑的选址策略和精心设计的装修布局，成功吸引了大批消费者，显著提升了品牌形象和销售业绩。然而，店主在实际操作过程中，仍需根据具体环境和条件进行灵活调整和优化。此外，建议在选址与装修的决策过程中，积极寻求专业人士的咨询与建议，以确保每一步决策都基于科学的分析和合理的考量。

第 3 章

开业筹备
与宣传

无论面对何种任务，细致而周全的准备工作都至关重要，开店亦是如此。开店的每一步都需精心策划，细节之处更需严加把控。特别是在初期筹备阶段，必须力求事无巨细，全面考虑。只有如此，方能确保为日后的稳健经营奠定坚实基础，铺平成功之路。

【要点解读】 ►►►► -

1 明确经营模式：定位清晰，赢在起跑线

生鲜店的经营模式选择，需综合考虑店铺定位、目标顾客群体及市场竞争等多重因素。以下是几种常见的生鲜店经营模式。

1.1 联营模式

该模式基于生鲜零售商与供应商之间的紧密合作，零售商从供应商处订购生鲜商品并负责销售，供应商则提供导购协助。此模式优势在于风险分担，生鲜损耗主要由供应商承担，但零售商在经营

上可能受限于供应商。

1.2　自营模式

自营模式即买断式经营，生鲜店通过购销合同采购商品或原料，自行加工、包装并定价销售。这种模式下，生鲜店拥有更高的商品掌控权，能灵活应对市场需求。然而，也需承担商品经营过程中的全部风险。

1.3　直采自营模式

直采自营模式是自营模式的升级版，生鲜店直接前往产地或生产企业采购，然后销售。这一模式减少了中间环节，降低了成本，提升了竞争力，但也要求生鲜店具备强大的采购和物流配送能力。

1.4　加盟连锁模式

加盟连锁模式是生鲜店扩大市场影响力的有效策略。通过加盟，生鲜店可以依托连锁品牌的支持，利用成熟的经营模式、管理经验和品牌形象，迅速提升市场影响力。此模式为生鲜店带来了诸多优势。

（1）加盟连锁模式为生鲜店创业降低了风险。凭借生鲜品牌已建立的知名度和市场基础，加盟店能轻松吸引顾客，进而降低市场风险。品牌方提供的全方位支持，包括选址指导、装修设计、员工培训及物流配送等，确保加盟店顺利启动并稳健运营。

（2）加盟连锁模式为生鲜店带来了技术支持和资源共享的便利。品牌方凭借完善的供应链和采购渠道，确保提供高质量的生鲜产品，

并维持价格竞争力。此外，他们还会分享成功的经营策略和销售技巧，助力加盟店提升业绩。

（3）加盟生鲜店也需谨慎应对潜在风险和挑战。在选择加盟品牌时，应进行深入调查和比较，确保选择到实力与信誉兼备的品牌。加盟店还需严格遵守品牌方的规定和要求，维护店铺形象和服务质量，以巩固品牌声誉。

总体来说，生鲜店加盟连锁模式对创业者而言是一种值得考虑的商业选择，特别是对于缺乏经验和资源的创业者。通过这一模式，生鲜店能更迅速地进入市场并取得成功。但在选择加盟品牌时，务必审慎评估，确保合作能带来长期利益与发展。

生意经

在选择经营模式时，生鲜店应充分考虑自身实力、市场需求、竞争状况以及目标顾客群体等因素。同时，随着市场环境的变化和顾客需求的升级，生鲜店也需要不断调整和优化经营模式，以适应新的市场环境。

相关链接

加盟生鲜店，这些细节需注意

1.特许经营资质审查

在加盟前，务必向生鲜连锁企业索取并核实其备案资料，确保加盟过程的合法性和可靠性。

2.准确评估品牌知名度

选择一家拥有广泛知名度和正面品牌形象的生鲜连锁企业，是创业成功的基石。

3.考察连锁企业的发展历史、发展阶段

优先选择历史悠久的生鲜连锁企业，因其成熟度较高，加盟店风险相对较低。但新兴企业亦有其独特的发展潜力，需综合考量。

4.考察连锁企业已运行的直营店、加盟店

在选择生鲜连锁企业时，深入了解其直营店和加盟店的运营状况至关重要。需评估其经营是否稳定、利润是否可持续，以及未来的发展前景等。

5.考察连锁企业的经营管理组织结构体系

一个优秀的连锁企业应拥有组织严密、职能明确、高效科学的经营管理结构，以确保各连锁店运作流畅。具体评估可从以下几点进行：

（1）财务管理系统是否健全。

（2）人力资源管理体系是否完善。

（3）是否具备产品研发与创新能力。

（4）物流配送系统是否高效。

（5）是否拥有全面、科学的营运管理与督导体系。

（6）产品生产管理支持体系是否先进、标准化且易于复制。

6.考察连锁企业应提供的开业全面支持

连锁企业应提供的开业全面支持通常涵盖以下方面：

（1）地区市场商圈的精选建议。

（2）人员配备与招聘的协助。

（3）地区市场产品定位与地域性产品的开发策略。

（4）开业前的全面培训。

（5）详尽的开业准备指导。

其中，地区市场商圈选择支持应包含：

（1）协助加盟商完成当地商圈的详尽调查。

（2）为加盟商提供适当的商圈区域保障。

（3）在精华商圈内多点加盟时，连锁企业应为同区域新增门店提供迁店保障。

（4）为加盟商预留应对同行业竞争的保障空间。

7.考察连锁企业的加盟契约、手册

通常，连锁企业应为潜在加盟者提供为期7个工作日的加盟契约和手册审阅期。在此期间，加盟者可以从公平性、合理性、合法性、费用承受性、地域性限制、时效性、可操作性等方面进行综合评估。加盟契约是确立企业与加盟店关系、明确双方权利义务的法律文件，是特许经营业务发展的基石；而加盟手册则为加盟店日常运营提供了纲领性指导。

8.考察加盟店的成功率

在考察加盟系统时，应特别关注其加盟店的成功率。

一个成熟的加盟系统往往基于长时间的经验积累和管理体系的完善，在正常运营的情况下，关店现象应属少数。若出现关店情况，应持谨慎态度；若频繁出现关店，不论是个体经营失误还是其他原因，都应审慎考虑是否继续加盟。

9.考察其他加盟店的经营状况

在加盟前，应核实加盟总部是否拥有两家直营门店及一年以上运营经验，并拥有可供他人使用的商标。同时，建议联系现有加盟店，亲自前往考察其经营状况。在条件允许的情况下，可以"伪装"为当地顾客进行多日观察，对店铺的营业面积、员工服务、顾客反馈等进行细致分析。

10.考察加盟费用是否合理

各加盟企业均有其独特的加盟费用标准，一般而言，这一费用是不可商量的。评估加盟费用是否合理，关键在于投资回报率。可参照其他加盟店的回报率作为参考，若认为该加盟系统的投资回报率符合个人期望，则加盟费用可视为合理。

2 筹备开店资金：资金到位，稳健前行

资金是生鲜店开业的基础。需要预留足够的资金以应对租金、装修、进货、设备采购和人员招聘等费用，确保资金充足可以避免后期因资金不足导致的经营困难。通过合理的预算和规划，可以确保店铺的顺利开业和稳定运营。

2.1 确定资金范围

店主要对店铺的规模、定位和经营模式有清晰的认知，这有助于确定所需的资金范围。一般来说，生鲜店的开店资金包括租金、装修费用、设备购置、进货费用以及流动资金等几个方面，如表3-1所示。

表3-1 开店资金包含的范围

序号	资金范围	具体说明
1	租金	租金是店铺运营成本的关键部分。选择店铺位置时，应综合考虑人流量、目标顾客群体以及交通便利性。繁华商圈或高人流区域往往租金较高，因此，深入的市场调研和对比分析至关重要，以确保选址既符合商业逻辑又具备良好的经济效益
2	装修费用	装修费用同样不可忽视，特别是对于生鲜店而言，装修需要兼顾美观、实用和卫生要求。根据店铺的定位和预算，选择适宜的装修方案，确保店铺既吸引顾客又符合行业规范
3	设备购置	设备购置是开店准备中的重要环节，包括货架、冷藏设备、收银系统等均为必需。在预算中提前考虑这些设备的购置费用，确保店铺开业后能够顺畅运营
4	进货费用	进货费用是开店初期的主要开支之一。为了维持店铺的正常运营，需要确保充足的生鲜产品和其他商品的库存。与供应商建立稳固的合作关系，不仅可以确保货源的稳定，还有助于获得更有竞争力的价格
5	流动资金	流动资金是店铺运营的生命线。尽管生鲜店的流动资金需求可能相对较小，但仍需准备足够的资金以应对日常运营开支、员工工资以及可能出现的突发事件。确保流动资金的充足，有助于店铺在经营过程中保持稳健

2.2　筹集资金的方式

在筹备开店资金时，店主应制订详细的预算计划，并尽可能地考虑各种可能的支出。同时，也可以考虑通过贷款、融资或寻找合作伙伴等方式筹集资金。在资金筹备过程中，须保持谨慎和理性，避免过度投资或盲目扩张，以确保店铺的稳健发展。

3　采购设备与进货：货源稳定，品质保障

根据经营需求，店主需采购必要的设备和商品。

3.1　设备采购

在采购设备时，生鲜店应充分考虑设备的性能、效率、安全性以及耐用性。根据店铺的实际需求和规模，选择适合的冷藏设备、冷冻设备、陈列设备、加工设备等。同时，要确保设备符合相关的卫生和安全标准，以保障食品质量和顾客健康。

生鲜店常用的设备有表3-2所示的几种。

表3-2　生鲜店常用的设备及采购建议

序号	设备类型	采购建议
1	冷藏与冷冻设备	为保持生鲜产品的新鲜度和品质，冷藏柜、冷冻柜和展示柜是生鲜店不可或缺的设备。这些设备的选择应基于店铺的空间大小和需要冷藏、冷冻的商品数量，确保生鲜产品始终在适宜的温度下储存
2	货架与陈列设备	货架与陈列设备用于摆放和展示生鲜产品，其形状、尺寸应根据商品种类和店铺布局来选定。考虑到生鲜产品的特性，货架的材质需易于清洁和消毒，以保持商品和店铺的卫生

序号	设备类型	采购建议
3	收银系统	收银系统包括收银机、条码扫描器、打印机等设备，能极大提高收银效率，降低出错率。在选择时，应关注其兼容性、稳定性和易用性，确保系统稳定运行，方便店员操作
4	清洁与卫生设备	清洗池、消毒设备、清洁工具等清洁与卫生设备对于维护店铺环境的清洁和卫生至关重要。应选择具有高效去污、节水功能的设备，并确保操作方便、易于上手，为顾客提供舒适的购物环境
5	包装设备	保鲜膜机、封口机等包装设备对于生鲜产品的包装十分重要，能确保商品在运输和储存过程中的卫生和安全。在选购时，需综合考虑设备类型、包装质量、速度与效率、耐用性与维护成本、成本效益、环保与节能等因素，以及供应商的售后服务，确保选购到高效、可靠的包装设备，满足店铺的需求

在采购设备时，生鲜店需要考虑如图3-1所示的几个因素。

预算	品牌与质量	售后服务
根据店铺的实际情况和资金状况，制定合理的预算，避免过度投资或资金短缺	选择有良好口碑和信誉的品牌，确保设备的性能稳定、耐用且易于维护	了解设备的售后服务政策，以便在使用过程中遇到问题时能够得到及时的技术支持和维修服务

图3-1　采购设备需考虑的因素

生意经

以上只是一些常见的生鲜店设备建议，具体还需要根据店铺的实际情况和经营需求进行选择。在采购设备时，建议生鲜店经营者充分考虑多种因素，并咨询专业人士的意见，以确保选购到合适的设备。

3.2　商品采购

关于商品的采购，详细介绍见本书第4章。

4　人员招聘与培训：人才济济，助力腾飞

在招聘过程中，应着重筛选合适的员工，涵盖理货员、收银员等关键岗位。随后，针对每位员工进行系统和专业的培训，确保他们深入理解店铺的规章制度、熟知产品知识，并熟练掌握服务技巧。通过这一系列的培训和指导，旨在提升整个团队的服务质量，为顾客提供更优质的购物体验。

详细介绍见本书第9章。

5　办理相关手续：合规经营，无后顾之忧

即使店面再小，开店前也需办理相应手续，确保合规性并符合法律法规与行业要求。为确保业务顺利进行，经营者需妥善完成所有必要手续。

5.1　选择经营主体

目前，经营组织形态主要涵盖个体工商户、个人独资企业、一人有限责任公司、合伙企业、有限责任公司及股份有限公司等。这些主体在设立性质、条件、个人责任承担、税务优惠及法律责任等方面均有所不同。经营者需根据自身需求和实际情况，选择合适的经营主体形式。为确保选择的准确性，建议咨询专业人士或律师以获取专业建议和指导。

5.2 办理营业执照

营业执照是工商企业、个体经营者开展生产经营活动的必要凭证，其格式由国家市场监督管理总局统一规定。未持有营业执照的工商企业或个体经营者不得开业，亦不得进行公章刻制、合同签订、商标注册、广告发布等商业活动，银行亦不会为其开设账户。

为获取营业执照，申请人需向当地工商部门提交身份证、营业场所证明等相关材料，并按规定流程进行申请。

生意经

自2016年10月1日起，营业执照、组织机构代码证、税务登记证、社会保险登记证和统计登记证实施"五证合一"。

5.3 食品经营许可证

鉴于生鲜店涵盖食品销售业务，必须依法取得食品经营许可证。申请者需向食品药品监督管理部门提交必要材料，并接受现场审查，包括经营场所布局、卫生条件等方面。经核查合格后，将核发食品经营许可证。

5.4 注册商标

若欲建立并保护自身品牌，应考虑注册商标。此举可在全国范围内确保品牌权益，并提升品牌估价，为投资合股增添价值。注册商标时，需提供营业执照作为必要材料。申请者可选择通过各地的商标注册服务公司或知名的商标代理网站来完成注册流程。

5.5　开立对公账户

店主可根据店铺规模和需求，选择一家合适的银行，并准备身份证、营业执照等必要材料，前往银行办理企业账户开立手续。对于规模较小的店铺，若初期无需使用对公账户，可暂缓此步骤。

5.6　申请发票

为确保合规经营，经营者需携带相关材料前往当地税务机关，按照规定的程序申请并领取发票。

5.7　健康证

为确保店主及员工均符合经营生鲜店的身体健康要求，双方均需持有健康证。此证书不仅是经营生鲜店的必要条件，也体现了对顾客健康安全的重视。

 生意经

不同的城市，所需的证件可能不一样。经营者应根据当地政策和实际情况，在办理手续时，可咨询当地相关部门或专业人士，以确保办理手续的准确性和合规性。

6 开业宣传造势：声势浩大，吸引客流

每家店铺开业时都承载着店主们的殷切期望，希望迎来一个"开门红"。有效利用现有条件为开业造势，能以最小的成本达到最佳的宣传效果。

6.1 在装修期间为开业造势

许多店铺在装修期间忽视了宣传的重要性，使得这一潜在的宣传期白白流失。在短暂的装修期内，门口的人流量是一个不可多得的宣传机会。

（1）喷绘广告

制作一幅醒目且临时性的喷绘广告，能以较低的成本投入，有效地宣传店铺的品牌形象或开业促销活动。

（2）条幅

悬挂一条条幅，上面标注"距××店开业还有××天"，不仅能为店铺营造出期待和神秘感，还能吸引路人的好奇和关注。

（3）招聘广告

精美的招聘广告不仅能帮助店铺招募到合适的人才，同时也是一种有效的宣传方式。只需简单明了地标注"招聘"字样和招聘要求，便能吸引众多目光，为店铺的开业造势。

6.2 借节假日为开业造势

通常选择在节假日开业，能有效吸引消费者。节假日是人们休闲购物的高峰期，人流量大，且消费者普遍心情放松，更易于接收

新店铺的开业信息。利用顾客的从众心理，选择热闹、人多的时段开业，能迅速提升店铺的知名度。

6.3 营造气氛为开业造势

在开业当天，务必营造出浓厚的开业氛围，以吸引顾客的注意。可以通过以下方式实现：

（1）摆放花篮：在店铺门口摆放鲜艳的花篮，不仅增添了喜庆气氛，还能吸引过往行人的目光。

（2）设置充气拱门：如果条件允许，可以设置一个醒目的充气拱门，为店铺开业增添一份庄重与热烈。

（3）播放动感音乐：开业期间播放节奏感强的音乐，不仅能掩盖噪声，还能为顾客带来愉悦感，增加他们的购物体验。

6.4 借促销为开业造势

开业期间，务必通过促销活动吸引顾客。可以选择部分商品打折销售或提供赠品，还可以推出免费办理会员卡的优惠活动。为增加促销效果，可以通过张贴海报、在店门口发放传单等方式，向过往行人宣传店铺的开业信息，将潜在消费者转化为实际顾客。

案例分享

××生鲜店经过详尽的市场调研后，选址于居民区核心地带，交通四通八达，人流量可观。店铺装潢采用清新明亮的风格，彰显出生鲜产品的新鲜与活力，同时店内布局合理，便于顾客挑选心仪的商品。

在开业前，该店精心筹备了以下工作：

（1）产品采购：与周边知名的农贸市场和食品批发中心建立了长期稳定的供货关系，以确保产品品质和新鲜度，让顾客买得放心、吃得满意。

（2）设备购置：购置了先进的冷柜、保鲜设备、收银系统和包装机等必要设备，确保店铺日常运营的高效与顺畅。

（3）人员招聘与培训：招募了一批经验丰富的生鲜销售人才，并通过专业培训提升了他们的产品知识、销售技巧和服务水平，以提供更优质的服务给顾客。

为确保开业效果，该店制定了以下宣传策略：

（1）线上推广：利用社交媒体平台广泛发布开业信息，并邀请美食博主和达人进行产品试吃和推荐，迅速扩大店铺的知名度。

（2）线下宣传：在周边居民区和办公区发放开业传单和优惠券，同时在店铺门口设置醒目的海报和横幅，营造浓厚的开业氛围。

（3）开业活动：举办了一系列开业促销活动，如满减、折扣和赠品等，吸引顾客参与并分享给亲朋好友。此外，还设置了抽奖环节，增加了顾客的参与度和黏性。

经过精心筹备和有效宣传，××生鲜店在开业期间取得了显著的成绩，顾客反响热烈，销售额超出预期。店铺迅速积累了大量的忠实顾客和良好的口碑，为后续的稳定运营奠定了坚实的基础。

案例点评：

此案例充分展示了生鲜店开业筹备与宣传的关键性。通过合理的选址、装修、产品采购和设备购置，以及线上线下相结合的宣传策略和开业活动，有效吸引了顾客，提升了店铺的知名度和美誉度。每个生鲜店都有其独特性，因此在实际操作中，应根据具体情况灵活调整和优化筹备与宣传策略。

第 4 章

采购与供应链管理

关键词：
货源稳定
品质可靠
库存合理

生鲜店的采购与供应链管理，无疑是一个既复杂又至关重要的流程，它贯穿了从精心挑选供应商至最终产品上架的每一个环节。经过不断的优化与革新，这一流程能够显著提升生鲜店的运营效率，加强服务质量，从而赢得广大顾客的信赖与支持。

【要点解读】▶▶▶▶ ─ ─ ─ ─ ─ ─ ─ ─ ─ ─ ─ ─ ─

1 供应商选择与评估：精挑细选，合作共赢

生鲜店的供应商选择与管理对于确保产品质量、降低采购成本、提高运营效率以及提升顾客满意度至关重要。因此，生鲜店在选择和管理供应商时，需要综合考虑多个方面，从供应商的规模与资质、产品质量与价格、服务质量与配送能力等多个环节进行精细化管理。

1.1 供应商选择

生鲜店在甄选供应商时，必须全面考量多种因素，以确保采购

的生鲜产品兼具高品质、安全性、新鲜度，且价格合理、服务稳定可靠。这些因素的具体考虑因素如表格4-1所示。

表4-1 选择供应商应考虑的因素

序号	考虑因素	具体说明
1	供应商的企业规模与资质	优质生鲜供应商需具备稳定的供货网络和正规的营业许可，确保产品来源可追溯、品质卓越。核查其营业执照、税务证明等文件，可评估其注册时长、经营范畴及信誉度，从而判断其经营稳定性和可靠性
2	产品质量与安全性	生鲜产品的新鲜度与安全性是选择供应商的关键指标。供应商应提供符合卫生标准、质量上乘的生鲜产品，如新鲜无农药残留的果蔬、来自正规屠宰场且具备检验合格证的肉类。同时，粮油干调等商品也应确保来源正规、品质可靠
3	产品种类与价格	理想的供应商应提供全面的生鲜产品种类，满足一站式采购需求。同时，价格应公正合理，具备市场竞争力。通过对比不同供应商的价格和产品质量，可挑选出性价比最优的合作伙伴
4	服务质量与配送能力	供应商需具备高效、准确的配送服务，确保生鲜产品准时、足量送达。此外，优质的售后服务也至关重要，能够迅速响应并解决产品问题和顾客投诉

1.2 供应商管理

生鲜店供应商管理是一个综合性的过程，通过科学、合理的供应商管理，可以确保生鲜店获得稳定、优质的货源，提高运营效率和顾客满意度，具体如表4-2所示。

表4-2　供应商管理要点

序号	管理要点	具体说明
1	合作建立与合同签订	（1）商务谈判：与供应商深入磋商价格、交货期限、售后等关键条款，确立初步合作意向 （2）合同签订：明确双方权益与责任，涵盖产品质量标准、交货时间、支付条款及违约处理等，以确保合作顺利
2	日常管理	（1）订单管理：依据生鲜店销售预测，科学制订采购计划，并向供应商下达精确订单，确保订单准确、及时、完整 （2）质量监控：对供应商提供的生鲜产品进行定期与不定期的质量抽检，确保产品符合相关标准及质量要求 （3）交货跟踪：与供应商保持紧密沟通，实时掌握订单执行动态及交货进度，保障产品准时送达
3	绩效评估与反馈	（1）绩效评估：定期对供应商进行全面评估，涵盖产品质量、交货准时性、售后服务质量等方面，评估结果作为后续合作的重要参考 （2）反馈与改进：基于评估结果，与供应商深入沟通，提出改进建议，同时生鲜店亦需持续优化采购与管理流程，提升运营效率
4	建立长期合作关系	与供应商建立长期稳定的合作关系，需双方秉持诚信原则，追求互利共赢。通过加强沟通、信息共享，深化双方信任与合作成效
5	风险管理	对供应商进行风险评估与管理，制定翔实的应急预案，以应对潜在的供应中断、质量波动等风险，确保供应链稳定可靠

2 采购计划与执行：计划周密，执行有力

生鲜店的采购计划与执行是一项系统而精细的工作，它要求全面考量多重因素。通过精心策划和有效执行采购计划，生鲜店能够确保货源的稳定供应，降低采购成本，并进一步提升运营效率，为顾客提供质量上乘且稳定保障的生鲜产品。

2.1 采购计划制订

（1）深入市场洞察。生鲜店的首要任务是细致剖析目标市场的消费者需求，洞察顾客对生鲜产品品种、品质及价格的偏好。这一过程可以通过严谨的市场调研、客户问卷调查等方式达成。

（2）精准销售预测。基于市场洞察的结果，结合店铺过往的销售数据，生鲜店能够精准预测未来一段时间内的销售趋势和需求量。这一预测有助于科学规划采购规模和频率。

（3）明细采购规划。依据销售预测和供应商遴选的结果，生鲜店需拟定详尽的采购清单。清单应详细列明产品名称、规格、数量、价格等关键信息，以确保采购任务得以有序、高效执行。

2.2 采购计划执行

（1）明确采购指令。生鲜店应依据详尽的采购清单，向供应商发送采购订单。在此过程中，双方需细致确认产品详情、价格条款以及交货日期等关键要素，以确保订单内容无误并达成共识。

（2）监控订单进展。订单下达后，生鲜店需实时追踪其执行情况，包括与供应商保持紧密沟通，了解产品的生产进度、物流状态等，确保产品能够准时送达。

（3）精确验收与入库。当产品送达生鲜店时，需经过严格的验收流程。验收人员应仔细核对产品的数量、规格、品质等是否与订单信息相符，确保所购产品符合标准。验收合格的产品有序入库，为后续的销售活动做好充分准备。

2.3　采购计划调整与优化

（1）销售数据分析。定期对销售数据进行分析，了解产品的实际销售情况。这有助于发现销售趋势的变化和顾客需求的变化，为采购计划的调整提供依据。

（2）供应商绩效评估。对供应商的供货质量、交货时间、售后服务等方面进行评估。根据评估结果，对供应商进行分级管理，优化供应商结构，提高采购效率。

（3）采购计划调整。根据销售数据分析和供应商绩效评估的结果，对采购计划进行适时调整。这包括调整采购品种、数量、价格等要素，以适应市场变化和顾客需求的变化。

相关链接

生鲜采购合同的要点解析

生鲜商品采购合同除了明确商品的品种与数量外，还需详细规定以下内容：

1.配送问题的规定

鉴于生鲜商品的高周转需求，合同应明确配送方式、时间、地点及频次，并规定供应商未能按约定配送所需承担的责任。

2.缺货问题的规定

为防止缺货影响业务，合同应设定缺货责任比例，如允许欠品率3%，超出部分则供应商需支付相应罚金。

3.商品品质的规定

鉴于采购人员可能难以全面判断商品成分，合同须要求供应商承诺商品符合政府卫生、工商等部门的规定，并提供相关证明，确保商品销售无虞。

4.价格变动的规定

生鲜商品价格波动大，合同应规定价格调整的条件与程序，如价格上涨需提前通知门店并征得同意。

5.付款的规定

合同应明确付款日期、方式（如领款或转账）等具体细则，并请供应商严格遵守。

6.退货的规定

为解决退货难题，合同应明确退货条件、费用分摊等具体规定，确保门店利益不受损害。

3　商品验收与储存：严格把关，确保品质

生鲜店的商品验收与储存是一项细致且重要的工作。通过严格的验收标准和科学的储存方法，可以确保商品的质量和安全，提升顾客的购物体验，进而促进店铺的长远发展。

3.1 商品验收

生鲜店在商品验收时，可参考如图4-1所示的步骤和要点。

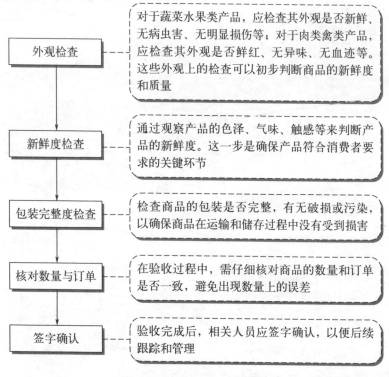

图4-1 商品验收的步骤和要点

对于检验不合格的产品，生鲜店应按照协议约定的方式进行处理，如退货、换货或降价等，以确保不合格产品不进入销售渠道，以保障消费者的权益。

3.2 商品储存

（1）分类储存。根据商品的种类和特性进行分类储存，如蔬菜、水果、肉类（猪牛羊）、禽类等应分别存放，以避免交叉污染。

（2）温度与湿度控制。对于需要冷藏或冷冻的商品，应严格控制储存环境的温度和湿度。例如，蔬菜的冷藏库温度通常控制在 0 ~ 4℃，湿度保持在80% ~ 90%等。

（3）保鲜措施。可以采用真空包装、冷藏保鲜、冷柜保鲜等方法，延长商品的保质期。真空包装可以排出空气，减少商品氧化，从而延长保质期。

（4）定期检查。对储存的商品进行定期检查，及时发现并处理变质或过期的商品，确保库存商品的质量。

4 物流运输与配送：高效快捷，服务至上

生鲜店的物流运输是保障其日常运营的重要环节，它涉及生鲜产品从采购、储存到最终送达消费者手中的整个流程。对此，生鲜店主应采取多种措施来确保产品的品质和供应稳定性，从而提升消费者满意度和市场竞争力。

4.1 选择合适的运输方式

生鲜产品具有易腐、易损等特性，因此需要根据产品的特点和运输距离，选择合适的运输方式，以确保生鲜产品新鲜度和安全性。

比如，对于短途运输，公路运输成为优选，通过配备冷藏车或保温箱，确保产品在运输过程中的新鲜度；而对于长途运输，铁路或冷链运输则更为适宜，借助专业的冷链设备和技术，持续维护产品的卓越品质。

4.2　运输过程中的温度控制

生鲜产品需要在特定的温度条件下储存和运输，以保持其新鲜度和口感。因此，生鲜店需要配备专业的冷藏设备和温度监控设备，确保产品在运输过程中的温度保持稳定。

生意经

对于需要冷藏或冷冻的生鲜产品，生鲜店须建立完善的冷链物流体系，以确保产品在运输和储存过程中保持适当的温度。

4.3　关注物流运输的效率和成本

通过优化运输路线、提高装载率、减少运输损耗等方式，可以降低运输成本并提高运营效率。同时，利用现代物流技术，如GPS定位、智能调度系统等，可以实时监控运输过程，确保产品按时送达。

4.4　关注产品的损耗

由于生鲜产品具有易损性，因此在运输过程中需要采取一系列措施来减少损耗，如合理的包装、避免过度颠簸等。

4.5　与物流公司建立长期稳定的合作关系

通过与物流公司紧密合作，可以确保运输过程的稳定性和可靠性，降低运输风险。同时，双方还可以共同探索物流运输的优化方案，提高运输效率和服务质量。

5　库存管理与控制：科学调控，避免浪费

生鲜店的库存管理与控制是确保店铺运营顺畅、减少损耗、提高利润的关键环节。生鲜店的库存管理与控制需要从多个方面入手，具体如图4-2所示。

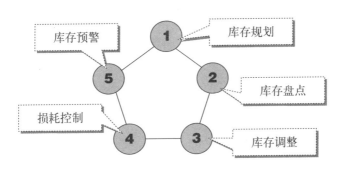

图4-2　库存管理与控制的措施

5.1　库存规划

对生鲜店的库存规划管理主要从以下几个方面进行。

（1）销售预测：结合历史销售数据、市场动向以及节假日等外部因素，进行精准的销售预测，旨在确立恰当的库存基准。

（2）分类管理：依据生鲜产品的特性，如保质期长短、销售速率等，实施分类管理。对于易损耗且保质期较短的商品，实施更为严格的库存监管与调控。

（3）订货策略：基于销售预测和库存现状，制订科学合理的订货计划，旨在防止库存过剩或供应中断的风险。

（4）库存量设定：根据销售预测和库存周转周期，设定合理的库存量。既要防止库存积压带来的额外损耗，又要确保库存充足以

应对市场需求。对于热销商品，可适当增加库存，而针对滞销商品，则应减少库存并灵活调整销售策略。

5.2 库存盘点

（1）定期盘点：定期对库存进行细致的核查，确保库存数量与记录精准匹配，从而迅速识别并处理差异。

（2）实时监控：借助先进的信息化系统，实时追踪库存状态，包括库存量和产品保质期等关键信息，为库存策略的调整提供即时数据支持。

5.3 库存调整

基于销售态势与市场需求变动，定期调整和优化库存规划。针对滞销商品，可采取降价促销、捆绑销售等策略，迅速减少库存积压，降低损耗。同时，通过优化陈列布局、提升销售效率等手段，加快库存周转速度，有效降低库存成本。

5.4 损耗控制

（1）合理储存：根据生鲜产品的独特属性，运用恰当的储存技术和设备，旨在保障产品质量，同时延长其保鲜期限。

（2）员工培训：强化员工对生鲜产品知识及库存管理技能的培训，旨在提升员工的专业水平及工作责任心。

5.5 库存预警

构建库存预警机制，当库存量触及安全库存下限或超出最大库存阈值时，系统将即时触发预警，以便及时采取行动进行库存调整。此预警机制可借助先进的信息化手段实现，例如利用库存管理系统进行全天候的实时监控与预警触发。

案例分享

××生鲜店，作为生鲜行业的佼佼者，专注于为顾客提供新鲜、优质的生鲜产品。为了稳固其市场地位，该店始终将采购与供应链管理的优化与创新置于首位。

1.采购管理

（1）优质供应商的选择与长期合作。××生鲜店与多家信誉卓著、产品质量上乘的生鲜供应商建立了深厚的合作伙伴关系。在选择合作伙伴时，××生鲜店会全面评估供应商的信誉度、产品品质、价格优势及供货能力，确保货源的稳定可靠，并在采购价格上获得竞争优势。

（2）精准采购决策与前瞻计划。基于市场需求、销售数据和库存状况，××生鲜店制订了精细化的采购计划。采购团队会定期分析销售数据，预测市场动向，并根据库存水平灵活调整采购量。同时，针对季节性变化和节假日等特殊时期，××生鲜店还会提前规划采购策略，确保生鲜产品的供应充足且及时。

2.供应链管理

（1）精准库存管理。××生鲜店借助先进的库存管理系统，实时掌握库存水平和销售动态。通过周期性的库存盘点与预警机制，确保对库存问题能够迅速识别并采取相应措施。此外，××生鲜店依据生鲜产品的特性及保质期，制定了科学的库存周转策略，有效减少损耗，实现资源的高效利用。

（2）高效物流配送。××生鲜店致力于优化物流配送流程，确保生鲜产品的新鲜度和品质。与专业的物流公司紧密合作，采用温控运输和快速配送技术，保证产品在运输过程中始终保持最佳状态。同时，完善的配送网络布局，确保产品能够准时、准确地送达各个门店和消费者手中。

3.质量控制与追溯

××生鲜店对生鲜产品的品质严苛把控，建立了全面而精细的质量控制体系。所有引入的生鲜产品均需经历严格的质检流程，以确保其完全符合行业标准和消费者期待。不仅如此，该店还构建了先进的产品追溯系统，能够清晰追踪产品的来源和采购轨迹，从而确保产品质量的安全可靠。

这些举措的实施，使××生鲜店在采购与供应链管理上取得了显著成效，运营效率和市场竞争力均得到显著提升。其生鲜产品因新鲜、高品质和高效配送等特色，赢得了广大消费者的信赖与喜爱，成为了市场上的佼佼者。

案例点评：

××生鲜店的案例彰显了生鲜行业在采购与供应链管理中的核心要素和卓越成效。该店通过明确的采购策略、优化的库存管理、高效的物流配送，以及严谨的质量控制和追溯体系，确保了产品的卓越品质与安全性，从而显著提升了消费者的满意度，并扩大了市场份额。

第 5 章

商品展示与陈列

商品陈列，作为吸引顾客、激发购物欲的关键环节，其重要性不言而喻。通过巧妙的陈列布局，生鲜店能够凸显商品的独特性和优势，瞬间捕获顾客的眼球，点燃他们的购买热情，进而推动销售业绩的稳步增长。

【要点解读】▶▶▶ ─ ─ ─ ─ ─ ─ ─ ─ ─ ─ ─ ─ ─ ─ ─ ─

1 商品陈列的标准：规范操作，美观实用

出色的陈列能让商品自我展示，在呈现视觉美感的同时，有效促进销售增长，提高盈利水平，并降低损耗。鉴于生鲜商品种类繁多，生鲜店需熟练掌握一系列基本的陈列方法与技巧，以确保商品呈现最佳效果，为顾客带来愉悦的购物体验，维护店铺的整体运营效益。

生鲜店的陈列标准核心聚焦于如图5-1所示的四项关键要素。

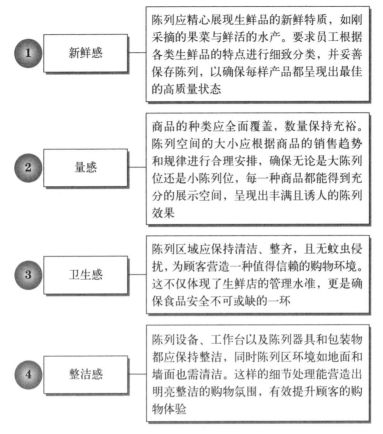

图5-1 生鲜店商品陈列的标准

2 商品陈列的要求：细节到位，提升体验

生鲜店商品陈列的精心规划旨在增强商品的视觉吸引力，为顾客提供便捷的挑选和购买体验，同时确保商品的新鲜度与店铺的整洁度，具体细节如图5-2所示。

图5-2 生鲜店商品陈列的要求

2.1 商品分类清晰

商品需依据种类、品种及规格精细分类陈列，便于顾客迅速定位所需。同时，相关或互补商品应巧妙搭配陈列，以提升顾客选购的便捷性和购买意愿。

2.2 陈列美观且吸引人

商品陈列应追求美观与整洁，巧妙运用色彩、形状与灯光等设计元素，营造出极具吸引力的视觉效果。例如，可将色彩夺目、造型独特的商品置于显眼之处，吸引顾客目光。

2.3 保持商品新鲜

生鲜商品的鲜度是顾客选购的关键考量，因此陈列过程中需严格确保商品新鲜、无瑕疵。对于需冷藏或冷冻的商品，必须确保陈列区域温度控制得当，以防商品变质。

2.4 标价清晰明了

商品的价格标签应醒目、易读，摆放在显眼位置，便于顾客快速了解商品价格信息。同时，标签与商品应严格对应，避免任何错误或混淆，以免引发顾客的不满和纠纷。

2.5 陈列量适中

商品陈列数量应适中，既要展现商品的丰富性，又要避免过多陈列造成顾客挑选困难。此外，需根据商品销售情况和季节变化，灵活调整陈列量，以满足顾客需求。

2.6 便于顾客挑选

陈列方式应充分考虑顾客挑选和拿取商品的便捷性，避免过高或过低的陈列位置，以及拥挤的陈列区域。同时，提供充足的购物篮、购物车等辅助工具，提升顾客的购物体验。

2.7 考虑顾客动线

在设计陈列布局时，需充分考虑顾客的购物动线，确保陈列区域之间通道畅通，避免拥堵和混乱。这样，顾客便能轻松地在陈列区域间移动，自由挑选和比较商品。

2.8 定期更换陈列

为了维持店铺的新鲜感和吸引力，建议定期更新商品的陈列布局与摆放位置。基于季节更迭、节日氛围或特定的促销活动，灵活调整商品的陈列策略与组合搭配。这一做法既能够激发顾客的新鲜感，吸引他们再次光顾，又能有效提升店铺的整体视觉形象，增强品牌吸引力。

3 商品陈列的方式：创新展示，吸引目光

生鲜店的商品陈列方式多种多样，生鲜店主可以根据店铺的实际情况和顾客需求进行选择和调整，以下是一些常见的陈列方法。

3.1 分类陈列

生鲜店在商品陈列上采取精细分类策略，将商品按种类清晰划分，如蔬菜、水果、肉类和海鲜等大类。每一大类下又细分为更为具体的子类别，例如蔬菜类别内又分为叶菜类、根茎类以及花果类等。这样的陈列布局极大地提高了顾客的选购效率和满意度，让每位顾客都能迅速定位所需商品，轻松进行挑选。详细分类如表5-1所示。

表5-1　生鲜店商品分类陈列要点

序号	陈列区域	陈列要点
1	蔬菜区	（1）蔬菜按类别细分陈列，包括叶菜类、根茎类和瓜果类等 （2）定期喷水保持蔬菜新鲜，及时剔除不新鲜品项，确保陈列整齐 （3）大型蔬菜如白菜、包菜等堆叠陈列，确保整齐稳定
2	水果区	（1）水果按种类和颜色陈列，以吸引顾客注意 （2）易损水果如草莓、葡萄等置于柔软垫上，减少损耗 （3）大型水果如西瓜、菠萝等展示切开面，展现其品质
3	肉类区	（1）肉类商品按种类陈列，如猪肉、牛肉、羊肉等，便于顾客挑选 （2）使用保鲜膜或保鲜盒包装肉类，确保清洁和卫生 （3）冷鲜肉类置于冷柜中，保持肉质新鲜
4	海鲜区	（1）海鲜商品分类陈列，如鱼类、虾类、贝类等 （2）使用活水或冰块保持海鲜新鲜，定期更换 （3）大型海鲜如龙虾、螃蟹等单独展示，凸显特色

序号	陈列区域	陈列要点
5	熟食区	(1) 熟食商品置于易取用位置，便于顾客选购 (2) 透明展示柜陈列熟食，让顾客清晰看到商品 (3) 注意熟食保质期，及时更换过期或变质品项
6	其他区域	(1) 根据店铺情况和顾客需求规划区域，如面包区、奶制品区、冷冻食品区等 (2) 各区域设置明显标识牌，方便顾客快速定位商品

 生意经

　　无论在哪个区域，都应注意商品的陈列顺序和摆放方式。一般来说，应将畅销商品和特色商品放在显眼的位置，吸引顾客的注意力。同时，要保持陈列的整洁和美观，定期清洁和维护陈列设施。

3.2　主题陈列

　　生鲜店的商品主题陈列，作为一种富有创意的陈列手法，依据季节变换、节日氛围、促销活动或独特的商品属性来巧妙设定主题。这种陈列方式不仅能有效捕捉顾客的目光，更能优化购物感受，进而推动销售业绩的增长。商品主题陈列要点如表5-2所示。

表5-2　生鲜店商品主题陈列要点

序号	主题类型	陈列要点
1	季节主题	(1) 在春季，生鲜店可推出"春日盎然"主题，陈列鲜艳的春季果蔬，如草莓、樱桃与嫩笋，辅以绿色植物与花朵点缀，营造春意盎然的购物氛围

序号	主题类型	陈列要点
1	季节主题	（2）夏季则可选择"夏日冰爽"主题，展示冰镇水果、冷饮与海鲜，利用冰块与冷柜打造清凉舒适的购物环境 （3）秋冬季节，可呈现"丰收满仓"或"暖冬温情"主题，陈列根茎类蔬菜、干货与热食，以暖色调灯光与装饰营造温馨惬意的氛围
2	节日主题	结合传统节日如中秋、端午、春节等，生鲜店可策划相应主题陈列。中秋佳节，可陈列各式月饼、水果礼盒，营造"月圆团圆"的温馨氛围；春节则可选择年货、腊肉、海鲜等商品，营造浓厚的节日喜庆氛围
3	促销活动主题	根据店铺促销活动，可设定如"夏日狂欢购""国庆巨惠"等主题。通过醒目标识、海报与装饰，突出促销商品的特色与优惠信息，吸引顾客驻足选购
4	特色商品主题	针对店铺的特色商品或新品，可设计专门的陈列主题。例如，若店铺拥有有机蔬菜或进口水果，可打造"生态优选"或"环球飨宴"主题，突出这些商品的独特性与高品质

生鲜店在进行主题陈列时，还需要注意以下几点：

（1）陈列布局要合理，确保顾客能够轻松浏览和挑选商品。

（2）主题装饰要与商品相协调，不要过于花哨或突兀。

（3）定期更换主题和装饰，保持店铺的新鲜感和吸引力。

（4）结合店铺的营销策略和顾客需求，灵活调整主题陈列的内容和形式。

3.3 关联陈列

生鲜店的商品关联陈列是一种高效的销售策略，通过精心组合相关商品，旨在提升顾客的购买意愿和销售额。

首先，关联陈列的关键在于精准把握商品间的内在联系。这些联系可能源于功能的互补性，如肉类或蔬菜与调料的搭配；或源自消费习惯的相似性，如早餐食品与牛奶、果汁的配对。通过深入分析顾客的消费偏好和需求，能够更有效地实施关联陈列。

其次，关联陈列还需注重展示的吸引力与便捷性。商品陈列应整齐有序，方便顾客浏览和挑选。同时，利用色彩搭配、灯光照明和装饰元素，打造引人注目的视觉效果，进一步提升顾客的购物体验。

在具体的陈列方式上，可以采用如图5-3所示的几种策略。

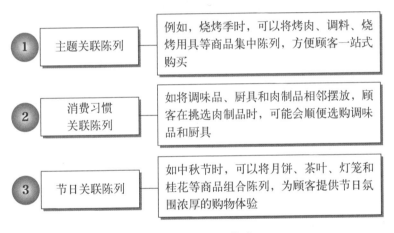

图5-3　关联陈列策略

此外，关联陈列还需要注意以下几点：

（1）关联商品的价格要合理，避免因为价格过高而影响顾客的购买意愿。

（2）定期检查陈列商品的库存和新鲜度，确保商品始终处于最佳状态。

（3）根据销售数据和顾客反馈，不断调整和优化关联陈列策略。

3.4　量感陈列

生鲜店的量感陈列是一种重要的陈列方式，它旨在通过合理的商品摆放和数量控制，营造出商品丰富、品种齐全的感觉，从而吸引顾客的注意并提升购买欲望，如图5-4所示。

图5-4　量感陈列

在进行量感陈列时，要考虑如表5-3所示的因素。

表5-3　商品量感陈列需考虑的因素

序号	考虑因素	具体说明
1	商品的品种齐全和数量充足	这意味着在陈列架上，各类生鲜商品应一应俱全，每种商品的数量均维持稳定水平，确保顾客在选购时拥有充足的挑选空间
2	商品的陈列位置	陈列位的大小可根据商品销售趋势灵活调整，但无论大小，每种商品在陈列位上均须展现充足的丰满感。这既体现在商品数量上，也体现在摆放方式上。通过集群陈列小商品和形状固定的商品，或利用视觉错觉如斜置水果平柜并设置镜子于其后，营造商品琳琅满目的视觉效果
3	商品的分类清晰和布局的关联性	商品应按照其特性与类别有序摆放，便于顾客查找与挑选。同时，商品布局应体现关联性，使顾客在选购过程中能够自然地从一种商品过渡到另一种相关联的商品

3.5　情景陈列

生鲜店的商品情景陈列是创新的展示手法，它巧妙地将商品融入特定的生活场景中，为顾客呈现一个栩栩如生、贴近实际的购物空间。这种陈列策略不仅极大地增强了商品的吸引力，还能有效引导顾客的购买行为，从而促进销售增长。

在实施情景陈列时，生鲜店应深入观察顾客的需求和日常生活习惯，确保陈列方案能够真实反映顾客的实际使用场景，从而引发顾客的共鸣和购买欲望。

比如，生鲜店可采用情景陈列，将蔬菜、水果、肉类等商品精心组合，模拟家庭聚餐的温馨场景，让顾客在挑选商品时，仿佛能感受到家庭的温暖与和谐。另外，将海鲜陈列于模拟的海洋环境中，不仅增强了商品的视觉吸引力，也为其增添了一抹生动的色彩。

在实施情景陈列的同时，生鲜店应尤为注重商品的品质和新鲜度。只有高品质的商品，才能与精心设计的场景相得益彰，进一步激发顾客的购买欲望。因此，生鲜店需严格把控商品的采购、储存和陈列环节，确保每一件商品都以最佳状态呈现在顾客面前。

此外，情景陈列还需要注意如图5-5所示的几点。

布局合理	商品的摆放应该符合顾客的购物习惯，方便他们挑选和拿取。同时，也要避免商品之间的交叉污染，确保食品安全
色彩搭配	利用商品的色彩和背景装饰来营造出生动的场景氛围。例如，可以使用鲜艳的水果和蔬菜来点缀陈列区域，吸引顾客的注意力
灯光照明	适当的灯光照明可以提升商品的视觉效果，让商品看起来更加诱人。生鲜店可以根据不同的陈列场景选择合适的灯光类型和亮度

图5-5 情景陈列的要点

通过情景陈列，生鲜店可以为顾客提供一个更加有趣、生动的购物体验，让他们在购买商品的同时，也能感受到生活的美好。

3.6 悬挂陈列

生鲜店中，商品悬挂陈列是一种别具一格且实用的展示手法，特别适用于肉禽类及部分水果类商品，如香蕉。这种陈列方式不仅凸显了商品的自然垂落美感，赋予商品更强烈的新鲜感，而且其优越的通风性让顾客能够全方位、清晰地观察商品的每一个细节。

在实际操作中，生鲜店可利用铁钩等辅助工具将商品稳妥悬挂，既保证了商品的稳定性，又便于顾客轻松挑选。同时，为了维护商品的品质和新鲜度，悬挂陈列的商品需定期进行检查与更替，确保顾客每次光临都能欣赏到新鲜、优质的商品，如图5-6所示。

图5-6　悬挂陈列

此外，悬挂陈列还可以与其他陈列方式相结合，如量感陈列、情景陈列等，共同营造出丰富、生动的购物环境。通过巧妙的陈列设计，生鲜店不仅可以提升商品的吸引力，还可以引导顾客进行购买，从而增加销售额。

3.7　装饰陈列

生鲜店的装饰陈列是提升购物环境、增强顾客购物体验的重要手段。通过精心设计的装饰元素和陈列布局，生鲜店可以营造出舒适、温馨且充满吸引力的购物氛围。装饰陈列的要点如表5-4所示。

表5-4　装饰陈列要点

序号	陈列要点	具体说明
1	色彩搭配	生鲜店巧妙运用色彩，强化商品的新鲜感和吸引力。绿色和棕色等自然色调营造出生鲜的原始氛围，而明亮色彩则用于突出焦点，吸引顾客目光。在陈列水果、蔬菜时，依据商品自身色彩进行搭配，形成和谐统一、层次分明的视觉效果

序号	陈列要点	具体说明
2	灯光照明	恰当的灯光不仅增强商品的视觉吸引力，还营造出温馨舒适的购物环境。生鲜店根据商品特性与陈列需求，精选灯光类型与亮度。例如，柔和的冷光凸显商品新鲜度，而聚光灯或射灯则强调商品的纹理与色彩
3	装饰元素的运用	生鲜店在陈列区域巧妙添加装饰元素，如花瓶、绿植、艺术品等，为空间增添生机与活力。通过悬挂、摆放等方式，将装饰与商品相融合，打造出别具一格的购物场景
4	陈列布局的整体规划	生鲜店根据店铺空间与商品种类，合理规划陈列布局，确保商品有序陈列，便于顾客挑选。同时，充分考虑顾客购物习惯与流线，避免拥挤与不便，营造顺畅的购物体验

🔗 相关链接

生鲜店陈列布局的整体规划技巧

陈列布局的整体规划在生鲜店运营中占据着举足轻重的地位。一个合理的布局不仅能提升顾客的购物体验，还能有效地提高商品的销售量。

首先，必须明确店铺的整体空间结构和面积，以确保布局的规划能够充分利用每一寸空间，避免浪费。同时，要考虑到顾客在店内的流动性和便利性，确保布局能让他们自由穿梭，轻松挑选所需商品。

其次，根据商品的种类和特性，实施精细化的分区陈列策略。例如，将生鲜商品明确划分为蔬菜区、水果区、肉类区、海鲜区等，每个区域都应设立醒目的标识，以便顾客迅速定位所需商品。在分区的同时，还需注重各区域之间的自然过渡，避免突兀的隔断，为顾客创造流畅舒适的购物环境。

在规划布局时，还需考虑到商品的陈列方式和数量。对于热销商品和特色商品，可以采用突出陈列的方式，如堆头陈列、悬挂陈列等，以吸引顾客的注意力。同时，要确保每种商品的陈列数量适中，既要避免商品堆积过多导致空间拥挤，又要确保商品陈列丰满，给顾客留下良好的印象。

此外，陈列布局的整体规划还需聚焦于色彩搭配与灯光照明，这两者对于营造购物氛围至关重要。通过巧妙的色彩组合和适当的灯光设置，商品能够更显醒目与诱人。例如，采用柔和的灯光能够突出商品的新鲜度与质感，同时利用色彩的对比来增强商品的视觉效果。

最后，整洁与美观是陈列布局不可忽视的方面。这不仅涉及商品的摆放，更关系到店铺的整体卫生和美观程度。因此，定期清洁和维护陈列设施至关重要，确保商品与陈列道具的整洁。同时，随着季节与节日的更迭，适时调整陈列布局，为顾客营造不同的购物氛围。

综上所述，生鲜店的陈列布局规划需全面考虑空间结构、商品特性、陈列方式、色彩搭配、灯光照明以及整洁美观等因素。通过科学而合理的规划，能够打造出一个既舒适又美观、高效的购物环境，从而提升顾客的购物体验和满意度。

3.8 体验式陈列

生鲜店的体验式陈列，作为一种前沿的展示策略，致力于通过重现真实的购物环境与提供互动体验，使顾客更深入地了解商品，进而点燃他们的购买热情。此陈列方式不仅极大丰富了顾客的购物体验，同时也为店铺带来了销售额的增长。

在实施体验式陈列时，生鲜店可巧妙运用店内空间，打造模拟厨房、餐桌等生活场景，让顾客在选购过程中就能亲身感受商品的实际运用与效果，使购物之旅更加生动有趣。

比如，在蔬菜区设置烹饪展示台，现场展示蔬菜的烹饪过程，让顾客看到新鲜蔬菜如何变成美味佳肴。

此外，生鲜店可融合现代科技手段，如虚拟现实和增强现实技术，为顾客创造更为沉浸式的购物体验。顾客借助这些先进技术，能在店内模拟烹饪等场景，直观感受商品的品质，从而增强购物决策的可靠性。

同时，体验式陈列在关注顾客体验的同时，也应注重商品的品质和陈列的整洁美观。陈列的商品需保持新鲜、洁净，且摆放有序，便于顾客挑选。此外，店铺的装饰与氛围亦需与陈列商品相协调，共同营造出一个舒适且温馨的购物环境，让顾客在享受购物乐趣的同时，也能感受到店铺的细致与用心。

4 陈列道具的选择：实用美观，提升档次

生鲜店应该根据自身的实际情况和需求，选择适合的陈列道具，以提升商品的展示效果和顾客的购物体验。具体来说，选择合适的陈列道具需要综合考虑如表5-5所示的因素。

表5-5 选择陈列道具应考虑的因素

序号	考虑因素	具体说明
1	商品的种类和特性	商品种类的多样性要求独特的陈列方式来凸显其独特魅力。比如，蔬菜和水果通过多层陈列架或冷柜展示，既保持新鲜又吸引目光；而肉类和海鲜则选用带有保鲜功能的陈列道具，确保品质和口感
2	陈列道具的尺寸和形状	陈列道具的尺寸需与店铺空间完美匹配，避免空间浪费或陈列效果不佳。形状上，创意和特色道具能吸引顾客目光，提升店铺形象
3	陈列道具的材质和质量	优质材质确保道具的耐用与稳定，良好质量则保障道具的安全与卫生。生鲜店应选用符合食品安全标准的道具，并定期清洁维护，确保商品卫生与顾客安全
4	陈列道具的灵活性和可调整性	生鲜店商品随季节和市场需求变化，因此陈列道具需具备灵活性和可调整性，以适应不同陈列需求。可拆卸、可组合的道具更适宜生鲜店多变的需求

案例分享

××生鲜店坐落于城市繁华商圈的中心地带，凭借其精致的商品陈列与琳琅满目的商品种类，吸引了无数顾客的驻足。

踏入店内，首先映入眼帘的便是蔬菜区。这里采用多层木质陈列架，每一层都经过精心规划，确保每种蔬菜都有专属的展示空间。新鲜的蔬菜按种类与色彩有序摆放，绿叶与根茎蔬菜交错，色彩和谐，令人一眼便能感受到蔬菜的生机与活力。每个陈列架均配备柔和灯光，既提升了商品的视觉效果，又营造出一种温馨舒适的购物环境。

随后是水果区，其陈列同样令人眼前一亮。水果采用了悬挂与堆头相结合的陈列方式。体积大、色泽鲜艳的水果如菠萝等悬于空中，既节省空间又引人注目。而小巧精致的葡萄、草莓等则置于玻璃陈列柜中，让顾客一览无余地欣赏其品质与细节。店家还贴心设置了试吃台，让顾客在选购前便能品尝到水果的甜美与新鲜。

肉类与海鲜区更是该店的明星区域。开放式陈列方式让顾客直观感受到商品的品质与新鲜度。冷柜陈列确保肉类与海鲜的新鲜与卫生，而清晰明了的标签与价格牌则方便顾客了解商品信息。店家还特别设置了烹饪展示台，现场展示肉类的烹饪过程与营养搭配，让顾客对商品特性与价值有更深入的了解。

此外，××生鲜店还独具匠心地设置了特色商品区域，如有机蔬菜区、进口水果区等，每一处都展现出其独特的魅力与精致感。

案例点评：

××生鲜店在商品陈列方面做得非常出色。凭借精心设计的布局、赏心悦目的陈列以及无微不至的服务，该店成功吸引了大批顾客，销售额因此得到了显著提升。与此同时，店内所营造的舒适与愉悦的购物氛围，使得顾客在轻松自在中选购到新鲜且品质上乘的生鲜商品，为他们带来一次愉悦的消费体验。

第6章

损耗管理与控制

关键词：
严格验收
合理储存
注意保鲜

生鲜产品，特别是蔬菜水果，因其易损特性，损耗控制对生鲜店的盈利能力具有举足轻重的意义。尽管生鲜作为日常必需品，消费者购买频次高，但其利润空间却相对有限。因此，降低损耗、优化成本控制，成为提升生鲜店利润空间的关键所在。

【要点解读】▶▶▶ -

1 蔬果损耗控制：精细管理，减少浪费

蔬果损耗的管控对于生鲜店盈利具有决定性作用。随着蔬果品种的增加，其损耗控制的难度也随之提升，特别是进口水果的损耗问题更为棘手。若店主无法有效应对自然损耗，店面盈利将变得艰难。为了控制蔬果损耗，可从图6-1所展示的几个关键方面入手。

1.1 合理订货

果蔬订货应考虑如图6-2所示的因素。

图6-1　蔬果损耗控制措施

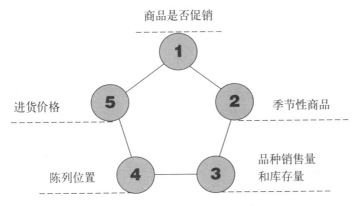

图6-2　合理订货应考虑的因素

 生意经

在确定以上因素后再进行合理订货，可以减少库存损耗。

1.2　收货控制

精细化管理商品进货的每一环节，包括新鲜度、规格与数量，是确保果蔬商品品质的关键。员工在收货时，需对商品进行严谨的质量把控，细致检查商品的完整性、新鲜度，并在外观与质量等各个维度进行详尽的确认，从而确保进货商品的质量上乘。

1.3　存货保鲜

完成收货后，必须实施恰当的存货保鲜措施。水果与蔬菜，虽然表面看似静止，实则内部仍经历着复杂的生理过程（包括呼吸作用）、生物变化与物理变化。这些变化会逐步导致它们营养成分的流失和食用质量的下降。这一特性无疑增加了果蔬经营的复杂性，同时要求生鲜店必须严谨对待保管保养工作。以下是具体的保鲜措施：

（1）为了降低水果的腐烂变质率，必须深入理解蔬果的鲜活特性，并据此采取差异化的保管方法。例如，通过直接冷藏法、散热处理法、冰盐水处理法等多种方法，对商品进行精心的存货保鲜。

（2）对于没有冷藏库的中小型门店，也可以采取其他有效的保鲜手段。比如，将易损耗的品种放置在配有空调的房间内，并覆盖湿布以保持湿度。在营业结束后，再将这些商品移至冷藏展示柜中保存，以最大限度减少损耗。

1.4　陈列吸引

蔬菜与水果作为生鲜店的核心商品之一，尽管在整体产品组合中并不一定是主要的盈利来源，但它们无疑是吸引顾客眼球的关键所在。蔬菜水果的陈列布局对门店至关重要，直接影响到顾客的消费体验和购物选择。鉴于蔬菜和水果的特殊性质，难以像其他商品那样实现高度的标准化陈列。因此，建议采取如图6-3所示的措施，以优化陈列效果，提升顾客满意度。

1.5　合理定价

在确保商品质量上乘的基础上，定价亦需符合市场规律。不应

要保证水果蔬菜的清洁和顾客挑选的便利

要把细加工的果蔬整齐摆放，这样更能显得果蔬的高品质

对果蔬的展示要显示出分类摆放、丰满陈列、色彩搭配、季节性的原理

图6-3 陈列吸引的措施

随意抬高价格，而应首先深入了解市场行情，随后根据消费者的购买偏好和购买量，制定既科学又合理的价格策略，以确保定价的精准性和市场竞争力。

2 肉类损耗控制：科学储存，保持新鲜

针对肉类的损耗控制管理，应着重关注以下几个核心方面。

2.1 严格控制收货和验货

在收货与验货环节，需采取以下严格措施：

（1）为了确保肉类的鲜度，应给予过磅收货优先处理，并力求在尽可能短的时间内完成整个验货流程。

（2）在收货时，务必核对收货品项与所订货物是否一致，检查送货单位是否与订单所列相符。同时，要精确称重，当场扣除不足重量，并核对送货数量，确保多送或少送的情况得到及时调整。此外，需与收货人员及防损人员共同确认实际收货数量与记录数量的

一致性，并完成数量汇总。

（3）收货过程中，应严格执行肉类品质的控制，遵循营运规范中的"收验货标准"进行收货操作。

2.2 正确营运管理

（1）肉类在收货后，应立即将非展示部分的货品存放入冷库以确保其新鲜度，从而保障肉类的优良品质。同时，加快肉类的加工处理流程，以迅速实现其商品化。

（2）在肉类加工过程中，应由训练有素的专业人员负责操刀，并严格按照既定的加工流程进行操作，确保每个步骤都有指定的责任人监控执行。

（3）门店需安排定期检查肉类的品质，并及时回收散落的货品。对于因销售状况不佳或顾客挑选过程中造成的损耗或肉类品质下降，应迅速作出反应，通过降价销售或进一步加工处理（如将原料肉绞成肉馅，或转化为熟食产品）来减少损失。

（4）在订货时，务必确保订货量的准确性，并坚持"先进先出"的库存管理原则，以确保货品的持续新鲜。

（5）对于易变质且周转率低的商品，应重新评估其销售价值，考虑是否继续销售或适量减少订货量。

（6）建议定期进行市场调查，以确保商品售价与市场行情相符，从而提升价格竞争力，吸引更多消费者，增加销量，进而减少库存损耗。

（7）肉类库存应维持在适当的水平，及时处理滞销和季节性商品，新到货品也应及时陈列。一般建议肉类库存保持在1.5天的销售量，以避免过多的库存积压或缺货影响销售业绩。

（8）盘点工作需准确无误，严禁任何形式的弄虚作假。盘点前应做好充分准备，确保所有部门间和内部转移的货品都已录入系统。

（9）加强肉类销售环境的卫生条件，包括整体环境、员工个人卫生以及设备清洁度，这样可以有效防止细菌滋生，利于肉类的保存。

（10）应定期检查肉类展示柜的温度，因为温度异常会对肉类的保鲜效果产生显著影响，进而可能导致肉质变质和损耗增加。

生意经

一旦发现肉类外表出现黏液，颜色转为暗淡、灰色或微绿，且在手指按压下失去弹性，散发出气味，或者边角废料已无法再利用时，应立即进行报废处理。

3 水产损耗控制：合理养护，降低损耗

水产损耗的产生是多方面的，从水产品的验收→鲜度处理→加工处理→陈列销售，这一过程中的各个环节都有可能发生损耗，要想有效控制水产品的损耗发生，就必须在各个加工处理环节中严格加以控制。

3.1 水产品重量控制

水产品重量控制措施如图6-4所示。

在验收鲜活水产品时，务必将水和周转箱的重量进行扣除。扣水的标准应为鱼捞出过程中水珠无连续成线滴下为准

措施一

措施二

验收冰鲜（冻）水产品时同样要扣除水分（冰）和周转箱的重量

图6-4　水产品重量控制措施

 生意经

鉴于各类冷冻水产品所含冰量存在差异，建议对同类商品进行自然解冻测试，以准确了解其含冰量情况。

3.2　水产品的品质与规格

鉴于水产品价格的显著差异往往源于鱼体规格的不同，验收时必须严格对照订单上明确指定的规格进行详尽核实。

3.3　鲜度管理与加工处理

为确保水产品的新鲜度并有效减少损耗，应实施精细的鲜度管理措施并采用专业的加工处理方式。

3.4　销售与报废

水产品损耗的主要原因包括鲜度降低导致的降价销售以及产品腐败后的丢弃。对于鲜度略有下降但仍符合食用标准的产品，可以通过进一步细加工，如转化为配菜或丸类等，以另一种商品形式出售，从而有效降低损耗。

3.5　水产品报废标准

水产品报废标准，具体如图6-5所示。

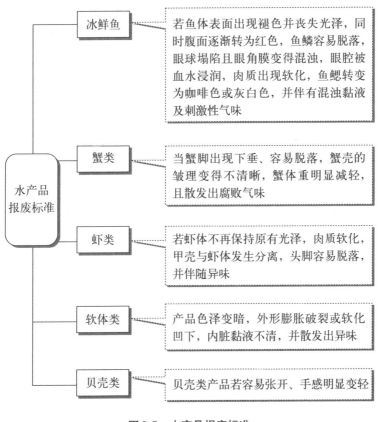

图6-5　水产品报废标准

4　熟食（面包）损耗控制：精准预测，避免积压

熟食（面包）损耗控制可从以下几个方面着手。

4.1 严格管制收货、验货

为确保熟食（面包）损耗最小化，需执行以下收货、验货的措施：

（1）外制熟食（面包）在收货、验货时应扣除皮重，并针对进场后加工处理中可能出现的损失部分，根据预先试验确定的标准，按比例进行相应扣除。

（2）在外制熟食（面包）的收货、验货环节，应仔细检查商品规格是否符合要求，商品是否有损坏，以及保质期天数是否满足销售需求。

（3）冻品在称重时必须扣除纸箱及冰块的重量，确保以货品的净重作为准确计量标准。

（4）精确控制各类商品的订货数量，以避免过多库存积压导致损耗。

（5）外制熟食（面包）的退货必须准确无误，通常情况下熟食（面包）只能销售一天，次日即进行退货处理，以防止因产量过剩而产生不必要的损耗。

4.2 自制加工商品损耗

针对自制加工商品的损耗控制，可采取以下措施：

（1）自制加工商品的生产量应严格根据每日的订单数量来确定，以确保生产量与需求量相匹配。

（2）所有进入销售区域的商品，除了用于陈列展示的部分外，其余应妥善存放在冷藏或冷冻库中，包括加工后剩余的原材料，以保持其新鲜度。

（3）在原材料加工过程中，应尽量减少不必要的损失。操作人员需按照商品的食谱进行准确操作，以减少调味料的浪费。

（4）对于烤制、炸制以及需要腌制的商品，应严格按照酱料配方比例进行腌制，以确保口味一致并控制成本。

（5）每日应定时，如每隔30分钟，对散落的商品进行回收，同时加强内部管理，严格禁止员工私自食用商品。

（6）在每天营业前，必须对电子秤和打标机进行检查，确保其正常运行，以避免因设备故障导致的损耗。

（7）为确保库存管理的准确性，每月的盘点数据必须严格精确，严禁任何形式的虚报数量或人为增大库存量的行为。

（8）应根据时段进行促销活动（如清仓销售），特别是当商品临近保质期时，应立即执行清仓处理措施，以有效避免商品全部报废的风险。

（9）补货时应遵循"先进先出"的原则，确保先入库的商品优先出库。同时，需定时检查冷藏和冷冻库的温度变化，以确保储存环境的稳定性。

4.3　熟食（面包）商品报损标准

熟食（面包）商品的报损标准如下所示：

（1）若熟食商品的肉质外部出现颜色转变为黑色、灰色或微绿色（即发霉迹象），或者肉质失去弹性并散发出异味，此类商品应予以报废。

（2）熟食商品如外观不佳，包括烤煳、炸焦，以及出现发霉或异味的情况，由于已无法进行销售，均应做报废处理。

（3）面包类商品一旦过保质期，或者出现发霉、变质、干硬等现象，同样需要报废。

5　日配损耗控制：快速周转，确保新鲜

日配商品各自拥有不同的储藏温度要求，温度过高或过低均可能导致商品变质，进而造成损耗。为有效预防这种损耗，我们必须实施严格控制，具体措施包括：

（1）在存放商品时，应细致考虑使用不同陈列柜或陈列适用的容器，以避免因存放方式不当而引发的商品变质。

（2）要密切注意商品的保质期，优先出货和补货那些保质期较短的商品，以此预防商品因保质期过期而造成的损耗。

（3）日配商品的保质期通常较其他类型商品更短，例如鲜奶等在夏季可能会在几个小时内变质。因此，生鲜店必须及时清理散落的商品，以减少因顾客排队等待等因素导致的商品丢弃变质，造成损失。

生意经

商品的摆放应遵循上轻下重的原则，以防止重压导致商品损坏。补货时，务必迅速且整齐地码放货物。对于常温保存的商品，需要避免强烈的热源和光线近距离直接照射。同时，在码货过程中，货物高度不可超过出风口装载线，以预防潜在的损耗风险。

6 生鲜耗材控制：节约使用，降低成本

为提升生鲜店利润，应做好耗材管理，旨在避免损耗并降低耗材费用。

6.1 生鲜耗材高消费种类

生鲜经营中，高消费的耗材种类主要涵盖生盘子（即塑料包装盒）、连卷袋、保鲜膜、热敏纸（常用作标签纸）、吸水纸、特价贴纸等。对这些耗材进行有效管理，是控制成本、提升效益的关键。

6.2 耗材控制方法

耗材控制方法如表6-1所示。

表6-1　耗材控制方法

序号	损耗原因	控制方法
1	进价过高	应采取连锁采购和统一议价策略，以降低成本；同时，加强谈判技巧的培训和应用，以争取更有利的采购价格
2	不正确使用	（1）根据消费者购物习性和商品特性，合理选择销售方式，如散装售卖或以"颗""粒""条"为单位出售，从而减少保鲜膜和热敏纸的浪费 （2）在包装物品时，应根据消费习性和商品特性进行合理包装，避免"大包装小商品"或"小包装大商品"的情况，以减少包装耗材的浪费，实现耗材使用的最大效益 （3）对于标价签纸（热敏纸）的使用，应严格控制，避免随意打印和测试装纸时的浪费
3	偷窃	需要全员参与反内、外盗行动，特别要防止联营厂家未经许可擅自使用耗材。同时，实施奖罚分明的制度，加强员工的责任感和归属感

序号	损耗原因	控制方法
4	避免诱导顾客大量不当使用	（1）合理设置连卷袋的提供位置，并减少设置数量，以降低顾客过度使用的可能性 （2）发现顾客有大量不当使用耗材的情景，员工可及时与顾客沟通
5	库存过高	调整订货策略，以每周两次或每月四次为准进行订货，从而避免库存积压和过高的库存成本

7 提高员工损耗控制意识：全员参与，共筑防线

要提高员工对损耗控制的参与度，生鲜店可以采取如图6-6所示的策略。

- 强化损耗控制意识
- 设立明确的损耗控制目标与责任
- 激励机制的建立
- 加强沟通与反馈
- 鼓励员工参与损耗控制决策
- 营造积极参与的文化氛围
- 提供必要的支持与资源

图6-6 提高员工对损耗控制的参与度的措施

7.1 强化损耗控制意识

（1）培训与教育。定期举办损耗控制相关的培训，让员工深入

了解损耗产生的原因、影响和防控方法。通过案例分析、现场教学等方式，使员工更直观地认识到损耗控制的重要性。

（2）文化引导。在店内营造一种重视损耗控制的文化氛围，让员工在日常工作中自然而然地关注损耗问题。通过内部宣传、张贴标语等方式，不断强调损耗控制的重要性。

7.2　设立明确的损耗控制目标与责任

（1）目标设定。为每个部门或岗位设定具体的损耗控制目标，确保员工明确自己在损耗控制工作中的职责和任务。

（2）责任落实。将损耗控制责任落实到个人，确保每个员工都对自己的工作区域和商品负责。同时，建立相应的考核机制，对员工的损耗控制表现进行定期评估。

7.3　激励机制的建立

（1）奖励制度。设立损耗控制奖励基金，对在损耗控制方面表现突出的员工进行物质和精神奖励，激发员工的积极性。

（2）晋升机会。将损耗控制能力作为员工晋升和评优的一项重要依据，让员工看到参与损耗控制工作对个人职业发展的积极影响。

7.4　加强沟通与反馈

（1）定期沟通。定期与员工进行损耗控制工作的沟通，了解他们的想法和建议，共同寻找解决问题的办法。

（2）及时反馈。对员工的损耗控制工作进行及时反馈，肯定他们的成绩，指出需要改进的地方，帮助他们不断进步。

7.5 鼓励员工参与损耗控制决策

（1）征集建议。鼓励员工提出损耗控制的建议和意见，对有价值的建议进行采纳和实施，让员工感受到自己的参与是有价值的。

（2）团队合作。建立跨部门、跨岗位的损耗控制小组，让员工在团队中共同协作，共同解决损耗问题。通过团队合作，增强员工的归属感和责任感。

7.6 营造积极参与的文化氛围

（1）鼓励创新。鼓励员工在损耗控制方面提出创新性的想法和建议，为店铺的损耗控制工作注入新的活力。

（2）树立榜样。对在损耗控制方面表现突出的员工进行表彰，树立榜样，激发其他员工的参与热情。

7.7 提供必要的支持与资源

（1）技术支持。为员工提供损耗控制相关的技术支持，如使用智能库存管理系统、先进的保鲜设备等，降低损耗发生的可能性。

（2）信息支持。定期向员工提供损耗控制方面的信息和数据，帮助他们更好地了解损耗情况，制定有效的防控措施。

案例分享

××生鲜店作为一家深植社区的生鲜零售店，始终致力于提供卓越品质与服务。为了更有效地管理商品损耗，进而优化经营效率，该店实施了一系列周密的损耗管理举措。

在采购环节，××生鲜店对商品质量实施了严格的把控。通过与信誉卓越的供应商建立稳固的合作关系，确保了所采购商品的品质与新鲜度。采购团队会对每批到货商品执行细致的验收流程，涵盖外观审视、气味辨识以及质量抽样检测，从而保障进店商品均达到店铺设定的高标准。

在商品展示与储存环节，××生鲜店同样精益求精。结合商品特性与市场动态，店铺精心规划了陈列布局，旨在确保商品以整洁、有序的方式呈现。同时，借助尖端的保鲜设施与技术，如先进的冷藏设备和保鲜膜，对各类商品进行精确的环境控制，以延长其保鲜期限。另外，通过执行严密的库存管理体系，店铺能定期对存货进行详尽的盘点与清理，从而迅速处置任何过期、质变或受损的商品，有效规避了库存积压与不必要的损耗。

在软实力建设方面，××生鲜店对员工的培训与意识提升给予了高度重视。通过定期组织涵盖商品知识、陈列技艺以及库存管理等方面的专业培训，使员工对损耗的成因及预防措施有了更为深刻的理解。此外，店铺建立了明晰的损耗控制责任制，将相关职责明确到每一位员工，并利用定期的绩效评估与奖惩制度，充分激发员工在损耗控制方面的主动性与责任感。

值得一提的是，××生鲜店还巧妙运用精准营销策略来减少损耗。借助大数据技术，深入分析消费者的购物行为与偏好，为不同的消费群体量身定制个性化的商品推介与促销活动。以"海鲜节"为例，该活动针对热爱海鲜的消费者推出了特惠折扣，成功吸引了大量顾客，不仅促进了海鲜产品的销量，也有效降低了因存货过多而产生的损耗风险。

案例点评：

经由一系列精心设计的损耗管理举措，××生鲜店显著减少了

商品损耗，进而优化了经营效益。其商品损耗率明显低于业内普遍水平，而销售额与客户满意度亦有了大幅攀升。此案例不仅彰显了损耗控制的重要性，更为业内其他生鲜店提供了宝贵的参考与启示，助力他们更有效地降低损耗，从而推动整体经营水平的提升。

第 7 章

价格策略
与营销

关键词：
合理定价
清晰标价
花样促销

生鲜店在制定价格策略和营销方案时，需全面分析市场需求、竞争环境以及消费者心理等多方面因素。只有精心策划合理的价格和营销策略，生鲜店才能有效吸引更多顾客，进而提升销售额并扩大市场份额。

【要点解读】▶▶▶ — — — — — — — — — — — — — —

1 生鲜定价需考虑的因素：精准定价，合理盈利

生鲜店在定价时需要综合考虑成本、市场需求、竞争环境、商品特性、营销策略、品牌形象以及市场趋势和政策法规等多种因素，以确保价格的合理性和市场竞争力。

1.1 成本因素

（1）采购成本。涉及商品的进货价格和运输费用等。

（2）运营成本。涵盖店铺租金、员工薪酬、水电费等日常经营支出。

（3）损耗成本。针对生鲜产品易腐坏的特点，需计算因产品损耗而增加的成本。

1.2 市场需求与竞争环境

（1）市场需求。深入洞察消费者对生鲜产品的需求量、偏好以及需求的季节性波动。

（2）竞争对手定价。深入研究并分析竞争对手的定价策略，以确立自身有竞争力的价格体系。

1.3 商品特性

（1）商品价格敏感度。针对消费者对某些生鲜产品，如肉类、蔬菜等的高价格敏感度，进行细致定价。

（2）商品品质与新鲜度。依据生鲜产品的高品质与新鲜度，合理设定更高的售价。

1.4 营销策略与品牌形象

（1）促销活动。结合满减、折扣、买赠等促销活动，精确计算促销成本并相应调整价格。

（2）品牌形象与定位。依据店铺的高端或亲民定位，灵活调整价格以吸引不同消费层次的顾客。

1.5 市场趋势与政策法规

（1）市场趋势。紧密关注行业发展趋势和消费者购买行为的变化，从而灵活调整定价策略。

（2）政策法规。严格遵守与价格相关的法规和政策，确保经营活动的合规性。

2 生鲜定价的策略：灵活多变，吸引顾客

2.1 常规商品定价策略

常规商品的定价策略如表7-1所示。

表7-1 常规商品的定价策略

序号	质量变化	进价变化	进货量	定价策略	目的
1	差	一样	正常	适当定低	确保及时售出
2	差	更高	正常	定低，甚至放弃毛利	尽快抛出
3	更好	一样	不多	略高于前日	提高利润
4	更好	一样	很多	与前日一样，甚至略低	促销
5	一样或更好	更高	正常	可考虑适当涨价（但涨幅不应与进货成本的增加完全同步），也可考虑不涨价保持前日售价，这取决于店铺当前是否需要提升人气	保证合理毛利或增加人气
6	同一批商品规格或质量不一样	一样	正常	进行分级销售：规格大、质量好的价格可以定高些；规格小、质量一般的价格可定低些	确保此批商品整体利润达到最佳

2.2 一般促销定价策略

一般促销商品定价，可采取如图7-1所示的定价策略。

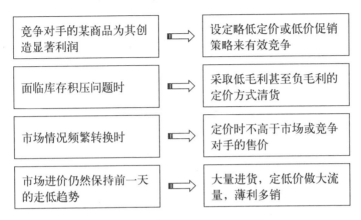

图7-1 一般促销商品定价策略

2.3 季节性促销定价策略

对于敏感性和季节性商品，可采取如图7-2所示的定价策略。

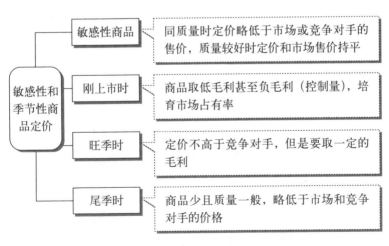

图7-2 敏感性和季节性商品定价策略

2.4 节假日促销定价策略

节假日商品定价的核心在于确保销售量的同时获取利润，这也是所有促销商品应遵循的基本原则。换言之，定价策略的制定必须能够促进商品的大量销售，并在此基础上实现盈利。关于节假日促销的具体定价方法，可参考图7-3进行详细了解。

图7-3 节假日促销的定价策略

2.5 分时段定价策略

有很多生鲜店在一天中的不同时段会设定不同的价格。早晨，商品价格往往位于高点，因为此时上架的都是一天中最鲜美的产品，故价格也相对较高。到了中午，产品价格会有所下调。毕竟，早高峰的人流已过，中午时段需要通过价格激励来刺激消费者购买。而到了晚上，商品价格会调至一天中的最低点。这是因为，从早晨到中午，店铺的主要成本和预期利润已基本实现，晚上则主要着眼于清理当日存货，以防货品过夜损坏，从而规避潜在的损失。因此，生鲜店的价格不应一成不变，而应随时间的推移做出适当的调整。

生鲜店可采取如图7-4所示的几种不同时间段的定价方式：

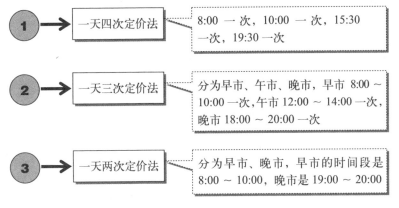

图7-4　分时段定价策略

2.6　分商品定价策略

可将门店的商品分为 A、B、C 三类，并据此来定价。

（1）A 类商品。通常指的是与民生紧密相关且消费者对其价格较为敏感的商品，以及季节性特征显著的商品。这类商品占据了部门总流量的 50% 左右，是门店的主打产品。在定价时，原则上应确保价格不高于竞争对手售价（除非竞争对手进行超低价促销）。

（2）B 类商品。这类商品属于中性及一般性商品，其销售占比在部门总流量的 50% ~ 90%。对于这类商品，定价时应确保足够的毛利率。在进行单品营销时，可以考虑适当降价，例如将原本 30% ~ 35% 的毛利率降至 20% ~ 25%。需注意的是，此类商品应被放置在最佳陈列位置，因为它们的高销量能够显著提升整体柜组的毛利，起到关键的杠杆作用。

（3）C 类商品。这类商品属于品类结构性单品，其销量占比在 10% 以内。在定价方面，可以选择接近或略高于竞争对手的价格。

但需要明确的是，这一策略通常不适用于易损耗、不易保鲜以及保质期短的商品。

3 商品标价管理：规范统一，避免纠纷

商品标价，即基于商品或服务的各项属性与标准所明确标示的价格或收费准则，它是向消费者公示商品价格和服务信息的一种重要手段。

3.1 标签打贴的位置

关于商品标签的放置，通常遵循以下准则：

（1）对于一般商品，标签最理想的位置是商品正面的右上角（因为通常商品的右上角不会有其他文字信息），如图7-5所示。若右上角已有商品的相关说明文字，则可将标签贴在右下角。

（2）对于礼篮类商品，推荐使用特制的标价卡，避免直接在包装盒上贴标签。可以考虑采用特别的展示卡来标示价格。因为送礼者往往不希望收礼者知晓礼品的价格，购买后他们可能会撕去包装上的价格标签，这样做有可能损害外包装，进而影响商品的整体美观度。

图7-5　贴好标签的商品

3.2　标价作业的注意事项

标价工作时需留意的要点如下:

(1)通常情况下,为确保顾客在购物时能轻松核对价格,同时也为收银员核价提供便利,门店内各类商品的价格标签应统一放置在相同位置。

(2)在进行价格标注前,必须对生鲜商品的编号和售价进行仔细核对。

(3)价格标签纸需妥善保存。为防止恶意顾客更换标签,将低价标签贴在高价商品上,建议使用一次性、带折线的标签纸,以增加标签的安全性。

(4)所有商品必须明确标价。对于散装冷冻水产品,包括无固定包装的简装或裸露销售的产品,其含冰量信息应在价格标签上(或旁边)明确标示(也可在简装商品的包装上直接标明含冰量)。

3.3　变价作业

变价作业指的是在生鲜商品销售过程中,根据内外部环境的变化,对原始销售价格进行调整的作业。在进行变价操作时,需特别

注意以下事项:

（1）在收到正式的变价指令之前，严禁擅自更改商品价格。

（2）必须妥善执行变价商品标价牌的替换工作，无论是在变价开始还是结束时，都应及时更新商品的标价牌以及附着在商品上的价格标签。

（3）需适当调整商品的陈列位置，以适应变价后的销售策略。

（4）应持续监控变价后商品的销售状况，密切关注消费者的反馈，并妥善处理因销售未达到预期而导致的商品积压问题。

（5）在调整商品价格时，若价格上升，需去除原有价格标签，并重新打印粘贴新价格标签，以避免引起顾客的抵触心理；若价格下降，则可将新标签直接粘贴在原标价上方。

4 促销活动类型：多样促销，拉动销售

生鲜店为了吸引顾客、提升销售额，通常会举办各种促销活动。如表7-2所示的是生鲜店常见的促销活动类型。

表7-2　促销活动类型

序号	活动类型	具体说明
1	直接折扣与优惠	（1）买一送一特惠：选购特定商品，如某类水果，达到一定数量即可获赠相同品类的水果 （2）满额立减活动：顾客消费达到指定金额，即可立即享受减价优惠，例如消费满100元即可立减10元 （3）会员独享折扣：为尊贵会员提供额外的折扣或优惠，以此增强会员的忠诚度
2	组合促销	（1）套餐优惠组合：将多种生鲜产品巧妙组合成套餐进行销售，顾客可享受到更实惠的价格 （2）搭配购买优惠：购买指定商品时，可以低价增购另一款商品，例如买肉类产品时可加价购得蔬菜

序号	活动类型	具体说明
3	季节性与节日促销	(1) 节日主题促销活动：结合节日特色，推出相应的生鲜产品促销活动，例如在中秋节期间推出月饼与水果的优惠组合 (2) 时令产品促销：针对季节性水果、蔬菜等推出特别促销活动，如夏季举办的西瓜大促
4	互动与体验活动	(1) 烹饪教学课程：特邀名厨现场指导，教授如何利用店内生鲜产品烹制美味佳肴，以此吸引顾客踊跃参与 (2) 新品试吃活动：提供免费试吃新鲜食材的机会，使顾客能够更直观地感受产品的优良品质
5	线上促销活动	(1) 线上优惠券发放：通过店铺的官方公众号或APP派发优惠券，以此吸引线上顾客到店消费 (2) 限时秒杀活动：在特定时段推出低价秒杀商品，提升店铺在线上平台的活跃度
6	会员专属活动	(1) 会员专享日：每月设定特定日期为会员日，会员在这一天可享受到更多折扣和优惠 (2) 积分换购活动：会员可利用积分兑换商品或抵扣现金，以此提升会员的参与度
7	合作与跨界促销	(1) 与餐饮业合作：为合作的餐饮店提供优惠的食材，并借此机会宣传自身品牌 (2) 跨界合作活动：与其他行业的品牌进行合作，共同推出联名产品或活动，以此扩大品牌的影响力

 生意经

　　在策划促销活动时，生鲜店需要综合考虑目标顾客群体、市场需求、竞争状况以及自身资源等因素，确保活动能够吸引目标顾客，提升销售额，并提高品牌形象。同时，要注意活动的合法性和合规性，避免违反相关法律法规。

5 社交媒体营销：线上线下，融合营销

生鲜店利用社交媒体进行营销，已经成为一种趋势和有效的推广手段。如表7-3所示的是生鲜店可参考的社交媒体营销策略。

表7-3 社交媒体营销策略

序号	营销策略	具体说明
1	建立专属社交媒体账号	（1）在主流的社交媒体平台（如微信、微博、抖音等）上建立专属账号，确保品牌形象的一致性 （2）通过定期更新内容，与粉丝互动，提升品牌曝光率和关注度
2	做好内容	（1）内容要有趣且有价值：发布与生鲜相关的有趣故事、烹饪技巧、食材挑选方法等，吸引用户关注 （2）内容要个性化：展示店铺的特色和个性，让用户感受到品牌的独特魅力 （3）内容要有互动性：设置话题讨论、问答环节等，鼓励用户参与互动，提高用户黏性
3	运用社交媒体广告	（1）利用社交媒体平台的广告投放功能，针对目标用户群体进行精准推送，提高广告效果 （2）可以通过设置优惠券、限时折扣等广告形式，吸引用户点击并转化为实际购买
4	利用社交媒体营销工具	（1）利用微信小程序、公众号等工具，发布新品信息、优惠活动等，提高用户购买意愿 （2）通过小程序提供便捷的在线购物体验，如在线支付、订单追踪等，提升用户满意度
5	建立好口碑	（1）鼓励用户在社交媒体上分享购物体验、晒单等，形成良好的口碑传播 （2）可以设置分享奖励机制，激励用户主动分享，扩大品牌影响力
6	与博主或达人合作	（1）邀请具有影响力的博主或达人到店体验并分享，借助其粉丝基础扩大品牌曝光度 （2）可以与博主或达人合作推出联名产品或活动，共同打造话题热度

序号	营销策略	具体说明
7	数据分析与优化	（1）定期分析社交媒体营销数据，了解用户行为、喜好和购买习惯，以便调整策略 （2）根据数据分析结果优化内容、投放策略等，提高营销效果

通过综合运用以上策略，生鲜店可以更好地利用社交媒体平台开展营销活动，吸引更多潜在客户，提升品牌知名度和销售额。同时，需要注意保持与用户的良好互动和沟通，建立良好的品牌形象和口碑。

案例分享

××生鲜店坐落于城市繁华的商业地段，其周边居民聚集，日常人潮涌动。该店专注于提供新鲜、优质的生鲜商品，涵盖蔬菜、水果、肉类以及海鲜等多个品类。为了在激烈的市场竞争中独树一帜，××生鲜店精心策划并实施了一套别具一格的价格与营销策略。

1.价格策略

（1）成本基础定价：根据商品采购、运输及储存等各项成本，结合预期的利润率，××生鲜店精心制定了基础售价。同时，为应对市场动态与成本变化，店铺会适时调整价格，以保障利润空间。

（2）市场竞争定价：该店始终关注并分析同行的价格动向，通过深入市场调研与比对，灵活调整价格以保持市场竞争力。比如，在竞争对手推出热销产品促销时，××生鲜店能够迅速应对，通过价格调整或策划相应活动来吸引顾客。

（3）会员优惠制度：××生鲜店还推出了会员制度，为会员提供积分积累与专享折扣。会员在购物时可享受更多优惠，从而增强其对店铺的忠诚度和黏性。

2.营销策略

（1）全渠道融合：××生鲜店巧妙结合线上与线下渠道进行全方位营销。在线上，通过微信、微博等社交平台发布产品信息与优惠活动，提供烹饪指南，以此吸引并与用户互动；线下则优化店铺环境与商品陈列，增强顾客的购物体验，同时开展社区团购与企业合作，进一步拓宽销售网络。

（2）主题活动推广：结合节日或特殊时段，店铺会推出相应的促销活动。如春节期间举办"年货大街"，提供丰富的生鲜礼盒与优惠；夏季则推出"夏日清凉"系列，主打时令水果与冷饮。

（3）跨界联动：××生鲜店积极寻求与其他行业的合作机会。例如，与知名餐厅联手，提供优质食材，并在餐厅内进行宣传推广；同时与电商平台合作，开展线上销售，进一步拓展市场。

（4）口碑建设：鼓励顾客在社交媒体上分享购物心得与评价，以形成良好的口碑效应。此外，店铺还会定期进行顾客满意度调查，收集反馈信息并不断优化服务品质。

案例点评：

通过实施以上价格策略与营销策略，××生鲜店取得了显著成效。店铺销售额逐年增长，会员数量不断增加，顾客满意度和忠诚度均得以提升。同时，××生鲜店在社交媒体上的关注度和影响力也逐渐扩大，成为当地知名的生鲜品牌。

第 8 章

日常运营与管理

关键词:
干净卫生
安全放心
正常运转

店铺管理,直接影响着店铺运营的整体效果。根据现代管理理论,管理被视为在社会组织中以人为核心,为实现既定目标而展开的协调活动。更具体地说,管理的宗旨在于达成组织的目标,其核心本质是协调,而最重要的中心则是人。

【要点解读】▶▶▶ -

1 设备管理:维护保养,确保运行

生鲜店设备管理在保障商品品质、提升运营效率、降低运营成本以及提升店铺形象和竞争力等方面都具有重要作用。因此,生鲜店应高度重视设备管理工作,确保设备的正常运行和有效利用。具体来说,生鲜店设备管理涉及如图8-1所示的多个方面。

1.1 设备安装与布局

为确保员工操作的便捷性和顾客选购的舒适度,设备的装配与

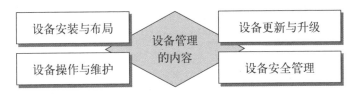

图8-1 设备管理的内容

布置需遵循合理与科学的原则。冷藏及冷冻设备应当被安置在通风顺畅、温度适中的环境中，以避免阳光的直射和潮湿的影响。同时，应根据商品的独特属性和销售状况来妥善安排陈列设备，从而方便顾客的挑选过程。加工设备则应放置在利于清洁和维护的区域内。

1.2 设备操作与维护

员工必须接受设备运行和保养的专业培训，以确保能够正确操作设备，并执行定期的维护工作。特别是冷藏和冷冻设备，需要定时检查其温度并进行记录，从而保障食品能在适宜的温度条件下储存。对于加工设备，定期的清洁和消毒工作必不可少，以防止交叉污染的发生。此外，还需定期检查设备的整体运行状况，以便及时发现并解决可能存在的问题。

1.3 设备更新与升级

随着科技的不断进步，生鲜店应及时进行设备的革新与提升，以此来提高店铺的运营效率和顾客的满意度。例如，可以引入具备智能化功能的冷藏和冷冻设备，实现温度的自动化调控和远程监控；同时，也可以采用新颖独特的陈列设备，以增强商品的展示吸引力；另外，考虑使用环保且节能的设备也是一个不错的选择，这有助于降低店铺的运营成本。

1.4　设备安全管理

在生鲜店的设备管理中，设备安全与风险防控是一项至关重要的任务。店铺应制定详尽的设备安全操作指南，以确保员工在操作过程中能严格遵守安全规范。同时，对设备的电气线路和安全防护装置进行定期检查也是必不可少的，这可以保障设备的平稳安全运行。一旦发现设备存在安全隐患，应立即进行维修或更换。

2　财务管理：精细核算，稳健经营

生鲜店的财务管理涉及如图8-2所示的多个方面，通过加强财务管理，可以提高生鲜店的盈利能力和市场竞争力，实现稳健经营和持续发展。

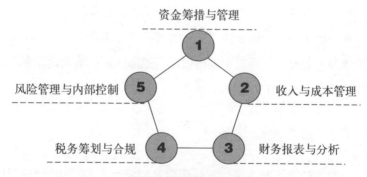

图8-2　财务管理的内容

2.1　资金筹措与管理

生鲜店必须确保拥有充足的资金，以维持日常运营和实现扩展规划。资金来源可能涵盖业主自有资金、银行贷款、外部投资等多种渠道。资金一旦到位，就需进行周密的管理，涉及资金分配、现金流预测、成本控制等环节，从而确保资金使用的合理性与效率。

2.2　收入与成本管理

生鲜店的主要营收来源于产品销售。为提升收入，店铺应注重销售策略的规划与执行，例如促销活动、会员制度以及线上线下的融合策略。同时，成本控制亦至关重要，涵盖采购成本、运营成本及人力成本等。店铺应通过优化采购路径、减少库存损失、提升员工效率等措施来降低成本，进而增强盈利能力。

2.3　财务报表与分析

生鲜店需定期编制各类财务报表，例如资产负债表、损益表、现金流量表等，用以反映店铺的财务健康状况和经营绩效。通过对这些报表的深入分析，我们可以洞察店铺的盈利能力、偿债能力以及运营效率等关键指标，为管理决策提供坚实的数据支撑。此外，还可利用财务数据进行趋势分析和对比分析，以揭示潜在的问题和机遇。

2.4　税务筹划与合规

生鲜店必须严格遵守国家相关税法规定，合理进行税务规划以降低税负。同时，要保证店铺的所有财务活动均符合法规要求，杜绝任何违法违规行为。这包括及时完成税务申报、合规使用发票以及严格遵守财务纪律等。

2.5　风险管理与内部控制

在经营过程中，生鲜店会面临多种风险挑战，如市场风险、信

用风险和财务风险等。为有效应对这些风险，店铺需建立起完善的风险管理机制，涵盖风险识别、评估、监控及应对等环节。同时，加强内部控制也至关重要，以确保财务活动的合规性和准确性，从而防范内部舞弊和错误的发生。

3　卫生管理：清洁整洁，健康为先

生鲜店的卫生管理需要从多个方面入手，具体如图8-3所示。通过加强这些方面的管理，可以确保生鲜店的卫生状况良好，为顾客提供安全、健康的购物环境。

图8-3　卫生管理的内容

3.1　店面整体卫生

生鲜店必须确保整体环境的整洁与卫生，涵盖生鲜店的地面、墙面以及天花板，均应维持清洁状态，不得有污渍或积尘存在。同时，店内垃圾需得到及时清理，以防止细菌滋生。此外，为确保卫生状况的持续良好，店铺应定期进行全面的清洁和消毒工作。

3.2　生鲜商品卫生

作为生鲜店的核心，生鲜货品的卫生状况对顾客的购买意愿和食品安全有着直接影响。因此，必须严格按照卫生标准来储存、展示和销售生鲜货品。在储存过程中，应精确控制温度和湿度，以防止货品变质。展示时，需避免货品直接与地面接触，并使用洁净的展示设备。销售过程中，员工应使用卫生手套或专用工具进行操作，以避免与货品的直接接触。

3.3 员工个人卫生

员工在生鲜店的卫生管理中扮演着关键角色。员工应养成良好的个人卫生习惯，例如频繁洗手、穿着整洁的工作制服等。在接触生鲜货品之前，员工进行手部的彻底清洁和消毒是必不可少的，以此防止细菌的传播。此外，为确保员工自身健康状况良好，定期进行健康检查也是一项重要措施。

3.4 设备设施卫生

生鲜店内的设施和设备同样是卫生管理的关键环节。冷藏设备、加工设备等必须定期进行彻底的清洁和消毒，以保证其卫生状况。同时，店内应配备充足的卫生设施，如洗手池、消毒柜等，便于员工和顾客使用。

3.5 顾客卫生管理

除了店铺内部的卫生管理，引导顾客遵守卫生规定也是生鲜店的责任。例如，设置醒目的提示标语，提醒顾客在购物过程中保持卫生习惯，如避免乱扔垃圾、不随意触摸未购买的商品等。同时，提供卫生设施和用品，如洗手液、纸巾等，也是方便顾客维护个人卫生的有效措施。

生鲜店员工个人卫生管理的要点

员工的个人卫生状况对店铺形象、声誉以及顾客对食品的信任度和满意度有着至关重要的影响。因此，生鲜店需对员工个人卫生管理给予足够的重视。

首先，生鲜店需制定一套详尽的个人卫生准则与操作流程，并要求员工严格遵循。这些准则应覆盖诸如定期手部清洁、穿戴整洁的工作制服与帽饰、禁止留长指甲或涂抹指甲油，以及严禁在工作区域内吸烟或进食等规定。明确的规章制度将帮助员工深刻理解个人卫生的重要性，并学会正确执行。

其次，生鲜店应配备必要的卫生设施与用品，以便员工能随时维护个人卫生。例如，设置充足的洗手设施，并提供洗手液、纸巾等卫生用品，保证员工在工作始末以及工作过程中能及时清洁手部。同时，店铺亦需为员工提供洁净的工作制服与帽饰，以防员工在接触食品时引入污染源。

再者，生鲜店应定期安排员工参与个人卫生相关的培训与教育，以增强员工的卫生意识与实操技能。培训内容可涵盖食品安全知识、个人卫生标准以及如何正确穿戴工作制服与帽饰等。通过系统的培训，使员工认识到个人卫生对食品安全的关键性，并掌握正确的卫生操作方式，从而提升自我保护意识与能力。

最后，生鲜店应构建严密的个人卫生检查与监督体系，以确保员工严守个人卫生规定。店铺可设立专职卫生监督员，负责检查与评估员工的个人卫生状况。对于未达到卫生标准的员工，应及时予以提醒与矫正，甚至在必要时采取相应的惩处措施。同时，店铺还应倡导员工间相互监督与提醒，共同维护店铺的整洁环境。

综上所述，生鲜店员工的个人卫生是保障食品安全与顾客健康的重要基石。通过实施明确的卫生标准、配备必要的卫生设施、组织相关培训以及建立有效的监督机制，可显著提升员工的个人卫生水平，进而为顾客提供更为安全、健康的食品。

4 安全管理：防患未然，确保平安

生鲜店的安全管理涵盖了多个层面，包括但不限于如图8-4所示的各个方面。通过加强安全管理，生鲜店可以为顾客提供一个安全、健康的购物环境，同时保障店铺的正常运营和发展。

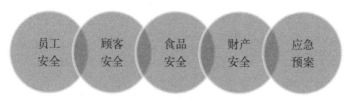

图8-4 安全管理的内容

4.1　员工安全

员工安全管理是构成生鲜店安全管理的基石。生鲜店必须确保员工在工作过程中严格遵循安全操作规范，佩戴适宜的防护装备，以预防意外伤害的发生。此外，定期对职员进行安全教育和培训，增强他们的安全意识及应对突发情况的能力，这一点也至关重要。

4.2　顾客安全

顾客的安全同样不可小觑。生鲜店应保证店内环境整洁且有序，防止因地面湿滑、杂物堆积等隐患而导致顾客摔倒或受伤。同时，店内需设置醒目的安全警示标志，以提醒顾客注意安全。

4.3　食品安全

在食品安全层面，生鲜店需对食材的采购、储存、加工及销售等各环节进行严格把控。应挑选信誉良好的供应商，以确保食材的新鲜与安全；并建立完备的储存与加工流程，以防止食材变质或受污染；在销售环节中，要关注食品的保质期及储存条件，避免出售过期或变质的食品。此外，店铺还应定期开展食品安全自查工作，及时发现并整改存在的问题。

4.4　财产安全

财产安全保障也是生鲜店安全管理中不可或缺的一环。店铺应建立健全的防盗、防火等安全制度，并安装必要的监控设备及报警系统，以保障店内财产的安全。同时，需强化职员对财产安全的认知与责任感，以防范内部盗窃及财物损坏事件的发生。

4.5　应急预案

生鲜店还应制定应急处理预案，以应对可能遭遇的突发状况，诸如火灾、地震等自然灾害或食品安全事故等。预案中应涵盖应急疏散、救援举措、事故报告等内容，确保在突发情况下能够迅速且有效地作出应对。

5　鲜度管理：保持新鲜，品质至上

生鲜店的鲜度管理涉及多个关键环节，包含采购、储存、展示、温控、员工培训以及顾客交流等。通过强化鲜度管理，生鲜店能够保证商品的新鲜度和优良品质，进而提升顾客的满意度和忠诚度，使店铺在激烈的市场竞争中占据优势。

5.1　采购与进货管理

首要任务是从源头上确保鲜度，这就需要挑选信誉卓著且品质有保障的供应商，以此保证所采购的生鲜商品新鲜且质量上乘。在接收货物时，必须对商品的外观、气味以及保质期进行细致的检查，以防任何损坏或变质的商品进入店内。

5.2 储存与陈列管理

针对不同类型的生鲜商品，应根据其独特性质进行分类储存。举例来说，蔬菜和水果需存放在适宜的湿度和温度条件下，而肉类和海鲜则要求更为严格的温度控制。同时，在展示商品时，应遵循"先进先出"的原则，确保较早进货的商品能够优先销售，从而减少库存积压和产品损失。

5.3 温度与湿度控制

鉴于生鲜商品对温度和湿度的特殊要求，店内必须配备适当的冷藏和冷冻设施，并根据各类商品的特性调整温度。此外，还需定期检查设备的运行状态，确保其稳定工作，从而避免因设备故障而引发的商品变质问题。

5.4 定期检查与处理

生鲜店应执行定期的商品检查制度，以便及时发现并处置任何变质或损坏的商品。对于临近保质期的商品，应提前进行促销活动或折扣销售，以减少浪费。同时，对于顾客挑选过程中损坏的商品，也应及时清理并补充新货。

5.5 员工鲜度意识培训

员工在生鲜店的鲜度管理中扮演着举足轻重的角色，因此必须定期为他们提供鲜度意识培训。培训内容应涵盖商品的储存技巧、展示方法、温度控制等多个方面，以提升员工对鲜度管理的重视程度和实操能力。

5.6 顾客沟通与反馈

与顾客保持畅通的沟通渠道，深入了解他们对生鲜商品的需求和反馈，对生鲜店的鲜度管理至关重要。例如，可以设置顾客意见收集箱或定期开展问卷调查，积极收集顾客对商品鲜度的看法和建议，以便不断完善和优化鲜度管理流程。

案例分享

××生鲜店在日常运营管理上投入巨大精力，旨在确保店铺顺畅运营，同时赢得顾客对其商品质量与服务的认可和好评。为实现这一目标，该店实施了多项有效措施以强化管理。

1. 商品管理策略

××生鲜店精心挑选并展示各类商品。为确保货源的优质，他们与信誉卓著的供应商建立了稳固的长期合作关系。在商品摆放上，他们根据商品特性及销售动态，巧妙安排货架布局，从而便于顾客轻松挑选到心仪之选。此外，他们还灵活调整商品结构以顺应季节变换及市场需求，全方位满足顾客的多元选择。

2. 财务管理体系

××生鲜店采用了先进的财务管理系统，对店铺财务状况进行实时追踪与深度分析。借助系统生成的销售报告与财务数据，店主

可清晰洞察各项关键经营指标，如销售额、成本及利润等，进而为制定更为明智的经营决策提供依据。同时，他们亦重视资金安全，采取一系列风险防范措施，确保店铺资金万无一失。

3.卫生管理规范

卫生管理在××生鲜店中占据举足轻重的地位。他们定期对店铺进行全方位清洁与消毒工作，以保障店内环境的整洁与卫生。所有员工均严格遵守卫生规范，身着整洁工服，并养成勤洗手、佩戴口罩等良好习惯，从而确保商品与操作过程的卫生安全。此外，店内还特别配备了各类卫生设施与设备，以供顾客与员工使用。

4.安全保障机制

××生鲜店对员工与顾客的安全倍加关注。为提升员工的安全意识及应对紧急情况的能力，他们定期组织安全教育与培训活动。同时，店内安装了先进的监控系统与报警装置，以确保店内财产的安全无虞。在食品安全方面，他们更是严格把控食材采购、储存与加工等各个环节，全力保障食品的安全与高品质。

5.鲜度管理举措

××生鲜店深知生鲜商品的鲜度至关重要。为此，他们引进了领先的冷藏与保鲜技术，以确保商品在储存与运输过程中始终保持新鲜状态。同时，店铺还定期对商品进行质量检查与处理工作，及时淘汰变质或损坏的商品。在商品展示方面，他们通过精心设计的布局与灯光效果，使商品呈现出最佳的新鲜感与视觉诱惑力。

案例点评：

通过以上措施的实施，××生鲜店在日常管理方面取得了显著成效。店铺的销售额稳步上升，顾客满意度和忠诚度也不断提高。

同时，店铺还获得了良好的口碑和品牌形象，为未来的发展奠定了坚实的基础。

　　当然，不同生鲜店的情况可能会有所不同。在实际操作中，生鲜店应根据自身情况和市场需求，灵活调整管理策略，以取得最佳效果。

第 9 章

员工管理与维护

关键词：
人岗匹配
人尽其才
才尽其能

员工管理方面，生鲜店需综合考虑招聘选拔、培训提升、绩效考评与激励、团队协作与沟通以及员工福利关怀等诸多层面，以全面提高员工的职业素养和服务质量，从而确保店铺的顺畅运营并提高顾客满意度。

1 员工招聘：精挑细选，打造团队

优秀的员工是生鲜店顺畅运营的核心基础，恰当的招聘与选拔对提高员工服务质量及顾客满意度至关重要，同时也有助于构建积极的团队文化与氛围。因此，生鲜店必须高度重视人才招聘与选拔，制订有针对性的招聘计划，并明确选拔标准，以确保能够吸纳到合适的员工，为店铺的稳健运营与长远发展打下坚实基础。

通常情况下，生鲜店可遵循如图9-1所示的步骤来选拔合适的人才。

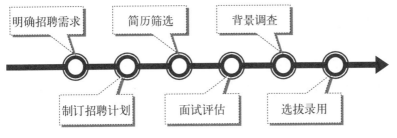

图9-1　员工招聘的步骤

1.1　明确招聘需求

生鲜店需明确自身的招聘需求，具体涵盖所需岗位、人员数量、岗位职责及任职要求等要素。此举有助于门店开展更具针对性的招聘工作，规避无目的的招聘或招聘力度不足。

1.2　制订招聘计划

基于已明确的招聘需求，生鲜店应制订详尽的招聘计划，内容应覆盖招聘时段、招聘渠道以及面试的具体流程等。在选择招聘渠道时，应考虑如招聘门户、社交媒体平台、人力资源市场等多元化途径，以提升对求职者的吸引力。

1.3　简历筛选

当接收到求职申请后，生鲜店需进行细致的简历筛选工作，识别并挑选出满足岗位标准的潜在候选人。在筛选阶段，应聚焦于申请者的教育背景、职业历程、专业技能等关键维度，以确保候选人具备基础的职业素养和胜任能力。

1.4 面试评估

面试环节是深入评估求职者综合素养与能力的核心步骤。生鲜店可设计包含初试、复试等多重环节的面试体系，旨在全面探究求职者在专业技能、沟通技巧、团队协作等各方面的表现。此外，可在面试中融入实际操作测试，以真实反映求职者的实操水平。

1.5 背景调查

对于顺利通过面试的候选人，生鲜店需执行严格的背景核查程序，深入了解其过往的工作历程、业绩成果及是否存在不良行为记录等。这一步骤对于门店全面把握候选人的整体素质和信誉状况至关重要。

1.6 选拔录用

结合面试及背景核查的综合结果，生鲜店应秉持客观公正的原则，从众多候选人中甄选出最为适宜的人才进行录用。在录用阶段，需向候选人明确阐述薪酬待遇、岗位责任、工作时间等核心条款，以确保雇佣双方能够达成共识。

2 员工培训：技能提升，助力发展

生鲜店员工的培训是一个持续的过程，需要店主投入足够的时间和精力。通过合理的培训内容和方式，以及明确的员工发展规划，可以不断提升员工的能力和素质，为店铺的运营和发展提供有力保障。

2.1 培训内容

培训内容主要如表9-1所示。

表9-1 培训内容

序号	培训内容	具体说明
1	基础知识培训	包括生鲜商品的种类、特性、储存方式、陈列技巧等，让员工对生鲜商品有全面的了解
2	服务技能培训	培训员工如何与顾客有效沟通，提供优质的购物体验，包括接待礼仪、销售技巧、售后服务等
3	安全与卫生培训	强调食品安全和卫生的重要性，培训员工如何正确操作设备、清洁环境、保持个人卫生等，确保顾客能够放心购买

2.2 培训方式

生鲜店可采取如表9-2所示的方式对员工进行培训。

表9-2 培训方式

序号	培训方式	具体说明
1	理论培训	通过讲解、演示等方式，让员工掌握基本的知识和技能
2	实践培训	组织员工进行实际操作，如商品陈列、收银操作等，提高员工的实践能力
3	案例分析	结合实际案例，分析员工在工作中遇到的问题和解决方法，提高员工解决问题的能力

2.3 培训周期与评估

（1）培训周期。根据员工的岗位和职责，制定合理的培训周期，

确保员工能够定期接受培训，不断提升自己的能力和素质。

（2）培训评估。通过考试、实操考核等方式，对员工的学习成果进行评估，确保培训效果达到预期目标。

3 绩效考核：公平公正，激励前行

生鲜店的绩效考核是一个系统工程，需要店主精心设计、实施和持续优化。通过科学合理的绩效考核制度，可以激发员工的工作积极性和创造力，为店铺的稳定运营和发展提供有力保障。

3.1 考核目的与原则

绩效考核的主要目的是评估员工的工作表现，识别优秀员工和问题员工，以便进行相应的奖励或改进措施。同时，绩效考核还能为员工的晋升、培训和发展提供依据。在考核过程中，应坚持公平、公正、公开的原则，确保考核结果客观、准确。

3.2 考核内容与标准

一般来说，生鲜店员工考核内容与标准如表9-3所示。

表9-3 绩效考核内容与标准

序号	考核内容	考核标准
1	工作业绩	包括销售额、毛利率、客户满意度等关键业绩指标。具体可根据岗位不同设定不同的权重和考核标准
2	工作态度	包括出勤率、工作积极性、责任心等方面。通过员工自评、同事互评以及上级评价等方式进行综合评估

序号	考核内容	考核标准
3	团队合作	考查员工是否具有在团队中的协作能力、沟通能力以及解决冲突的能力
4	专业技能	评估员工是否具备相应的生鲜知识、操作技能等

3.3　考核周期与方法

在考核周期方面，生鲜店可采用月度或季度考核，以便及时发现问题并进行调整。

在考核方法方面，生鲜店可采用定量与定性相结合的方法，如KPI（关键绩效指标）考核、360度反馈评价等。KPI考核可以明确员工的工作重点，而360度反馈评价则可以从多个角度全面评估员工的表现。

3.4　考核结果与运用

店主应将考核结果及时、准确地反馈给员工，让他们了解自己的优势和不足，明确改进方向。根据考核结果，对优秀员工进行奖励，如晋升、加薪、颁发荣誉证书等；对表现不佳的员工进行适当的惩罚，如警告、降薪、调岗等。

针对员工的不足之处，制订个性化的培训计划和发展路径，帮助他们提升专业技能和知识水平。

3.5　持续改进与优化

绩效考核不是一成不变的，应随着店铺业务的发展和市场环境的变化进行持续改进和优化。店主应定期回顾绩效考核制度，收集

员工的意见和建议，及时调整考核内容和标准，确保绩效考核始终
与店铺的发展目标协调一致。

4 员工激励：多元激励，激发潜能

生鲜店员工激励需要从多个方面入手来制定多样化的激励措施，
从而激发员工的工作积极性，提升店铺的整体业绩和竞争力。

4.1 明确激励目标

生鲜店需要明确员工激励的目标，即希望通过激励措施达到什
么效果。例如，提升销售额、改善顾客满意度、增强员工归属感等。
明确的激励目标有助于制定更具针对性的激励方案。

4.2 制定多样化的激励措施

生鲜店可制定如表9-4所示的多样化激励措施来激励员工。

表9-4 多样化的激励措施

序号	激励措施	具体说明
1	薪酬激励	通过设立绩效奖金、年终奖等薪酬激励措施，将员工的收入与工作表现挂钩，激发员工的工作积极性
2	晋升与职业发展	建立明确的晋升通道和职业发展路径，让员工看到在店铺内部的发展前景，从而更加投入地工作
3	荣誉与认可	设立优秀员工奖、服务明星奖等荣誉奖项，对表现突出的员工进行表彰和奖励，增强员工的荣誉感和归属感
4	培训与发展	提供定期的培训和学习机会，帮助员工提升专业技能和知识水平，增强职业竞争力

4.3　关注员工需求与期望

店主应定期与员工进行交流，了解他们的需求和期望，以便制定更符合员工实际情况的激励措施。例如，有些员工可能更看重薪酬，而有些员工则更看重职业发展机会。通过关注员工需求，可以制定更具个性化的激励方案。

4.4　建立公平、公正的激励机制

确保激励机制的公平和公正至关重要。生鲜店应制定明确的激励标准和程序，确保所有员工都能公平地参与竞争和获得奖励。同时，应避免出现偏袒或歧视的情况，以维护员工之间的和谐关系。

4.5　及时给予反馈与认可

店主应定期对员工的工作进行评价和反馈，及时给予肯定和鼓励，让员工感受到自己的努力得到了认可。

5　团队建设：凝聚力量，共创辉煌

一个优秀的团队能够形成强大的合力，提升店铺的服务质量、销售业绩以及顾客满意度。通过如图9-2所示的措施，可以打造出一个高效、团结、积极向上的团队，为生鲜店的稳定发展提供有力支持。

5.1　明确团队目标和愿景

生鲜店需要明确团队的目标和愿景，确保每个成员都清楚店铺的发展方向和期望达成的业绩。这有助于统一团队成员的思想和行

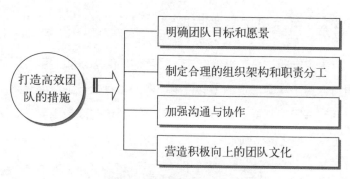

图9-2　打造高效团队的措施

动，形成共同的努力方向。

5.2　制定合理的组织架构和职责分工

生鲜店应根据业务需求和人员特点，制定合理的组织架构和职责分工。确保每个团队成员都有明确的岗位职责和权力范围，避免出现工作重叠、遗漏或相互推诿的情况。

5.3　加强沟通与协作

良好的沟通是团队建设的基础。生鲜店应定期组织团队会议，让成员分享工作心得、交流经验，并共同解决遇到的问题。同时，鼓励团队成员之间建立良好的人际关系，形成互帮互助、团结协作的工作氛围。

5.4　营造积极向上的团队文化

团队文化是团队建设的核心。生鲜店应营造积极向上、开放包容的团队文化，鼓励团队成员勇于创新、敢于担当，共同为店铺的发展贡献力量。

6 员工关怀：温暖人心，留住人才

生鲜店员工关怀是一个综合性的概念，涉及多个方面。通过如图9-3所示的各项措施，可以有效提升员工的工作满意度和幸福感，进而促进店铺的稳定运营和持续发展。

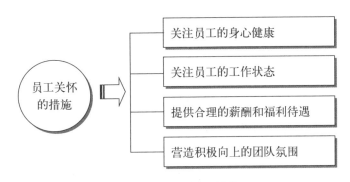

图9-3 员工关怀的措施

6.1 关注员工的身心健康

生鲜店可以提供健康的工作环境，包括保持店铺清洁、卫生，提供必要的防护装备，确保员工在工作中的安全。此外，可以定期组织健康检查，提供健康咨询和健康教育，帮助员工了解并管理自己的健康状况。

6.2 关注员工的工作状态

店主可以定期与员工进行交流，了解他们在工作中的困难和挑战，提供必要的支持和帮助。同时，可以建立有效的沟通机制，鼓励员工提出建议和意见，让他们感受到自己的声音被听到和被重视。

6.3　提供合理的薪酬和福利待遇

生鲜店可以根据员工的工作表现和店铺的盈利情况，制定合理的薪酬体系，确保员工的付出得到相应的回报。此外，还可以提供其他福利，如节日礼物、生日礼物、员工聚餐等，让员工感受到店铺的关心和温暖。

6.4　营造积极向上的团队氛围

生鲜店可以组织各种团队活动，增进员工之间的交流和感情，提升团队的凝聚力和向心力。通过营造轻松、和谐的工作氛围，让员工在工作中感受到快乐和满足。

案例分享

在××生鲜店，员工管理被视作店铺成功运营的重要支柱。为提升员工的工作效能、服务品质及团队协作能力，该店已实施一系列成效显著的员工管理举措。

（1）首先，该店非常重视员工的招募与遴选。在招聘流程中，除评估应聘者的专业技能与工作经验外，亦着重考察其沟通技巧、服务热忱及团队协作能力。通过严谨的面试程序与试用期评估，确保新进员工能迅速适应团队并胜任所任职位。

（2）其次，员工培训与个人成长亦为该店所重视。店内定期举办技能提升、产品知识讲解及服务礼仪训练等课程，助力员工不断增进业务技能与服务素养。同时，积极推动员工参与外部研修，为其职业发展铺就更广阔道路。

（3）在激励措施上，该店策略性地运用多元方法。除提供具有市场竞争力的薪酬待遇外，更设立诸如优秀员工、服务之星等荣誉奖项，对杰出表现者给予表彰与奖励。此外，建立明晰的晋升通道，为才华出众的员工提供晋升机会与更高薪酬。

（4）为巩固团队凝聚力，该店还周期性地策划团队建设活动，例如户外探险、员工聚餐等。此类活动不仅增进了员工间的深厚情谊，更强化了团队的向心力与协作精神。

（5）在员工关怀层面，该店密切关注员工的工作状况与心理需求。管理层时常与员工沟通，倾听他们在职场中面临的挑战，提供及时有效的支持与协助。同时，致力于营造舒适的工作环境，并提供必要的劳动保护装备，以维护员工的身心健康。

案例点评：

通过这些有效的员工管理措施，××生鲜店成功地打造了一个高效、团结、积极向上的团队。员工们工作热情高涨，服务质量得到了显著提升，店铺的业绩也取得了稳步增长。这一案例充分说明了员工管理在生鲜店运营中的重要性。

第10章 顾客接待与服务

生鲜店的顾客接待与服务策略至关重要，其质量直接影响着顾客的购物感受、满意度，以及店铺在公众中的声誉和业绩表现。鉴于此，生鲜店应将顾客服务视为核心竞争力，不断追求卓越的服务品质和专业能力，从而赢得顾客的信赖与支持，确保店铺的持久繁荣与发展。

【要点解读】▶▶▶ -

1 顾客接待流程：规范服务，提升体验

在服务行业中，顾客接待流程扮演着举足轻重的角色。一套标准化的接待程序能够迅速响应进店顾客的需求，从而显著提高顾客的购物体验效率。正因如此，生鲜店必须对接待流程的制定与落实给予充分关注，以保障向顾客提供卓越的服务体验。通常情况下，生鲜店可参考图10-1所展示的顾客接待流程，致力于为顾客提供专业且周到的服务。

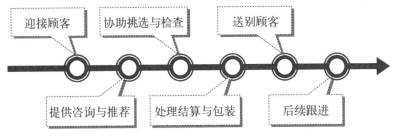

图10-1　顾客接待流程

1.1　迎接顾客

（1）主动问候。当顾客进入店铺时，员工应主动上前，面带微笑，用友善的语言向顾客问好，如"您好，欢迎光临"。

（2）观察顾客需求。在问候的同时，员工应观察顾客的表情和动作，初步判断他们的需求和购物意向。

1.2　提供咨询与推荐

（1）询问需求。主动询问顾客需要购买哪些生鲜产品，以及是否有特定的品质、价格或烹饪需求。

（2）推荐产品。根据顾客的需求，推荐适合的产品。可以介绍产品的产地、特点、口感等信息，帮助顾客做出选择。

（3）解答疑问。对于顾客提出的问题，如价格、保质期、烹饪方法等，员工应耐心解答，确保顾客了解清楚。

1.3　协助挑选与检查

（1）引导挑选。引导顾客前往相应的区域挑选产品，如蔬菜区、水果区、肉类区等。

（2）协助检查。帮助顾客检查挑选的产品，确保质量符合要求。例如，检查水果是否新鲜、肉类是否新鲜无异味等。

1.4　处理结算与包装

（1）协助结算。在顾客挑选完产品后，协助他们到收银台进行结算。可以介绍店铺的优惠活动或会员卡制度，引导顾客参与。

（2）产品包装。根据顾客的需求，对产品进行包装。确保包装整洁、美观，方便顾客携带。

1.5　送别顾客

（1）感谢顾客。在顾客离开时，向顾客表示感谢，如"感谢您的光临，祝您购物愉快"。

（2）邀请再次光临。邀请顾客再次光临店铺，并提醒他们关注店铺的优惠活动或新品上市信息。

1.6　后续跟进

（1）顾客反馈收集。通过小程序、问卷、电话等方式，收集顾客对本次购物体验的反馈意见。

（2）顾客关系维护。对于常客或重要客户，可以建立客户档案，定期发送优惠信息或节日祝福，以维护良好的客户关系。

2　顾客接待服务态度：热情周到，真诚待客

生鲜店顾客接待的服务态度应以如图10-2所示的要求为原则。

通过不断提升服务态度，生鲜店可以赢得顾客的信任和忠诚，从而提高店铺的声誉和业绩。

图 10-2　顾客接待服务态度

2.1　热情周到

生鲜店的员工需对每位顾客展现热情周到的服务态度，包括主动迎接，微笑服务，并使用友善的语言进行交流。应时刻关注顾客需求，及时伸出援手，确保顾客在购物时感到舒适愉悦。

2.2　耐心细致

不论顾客提出何种疑问或需求，员工都需耐心回应，细致处理。对于顾客的咨询，应给予明确答复，并提供相应建议与指导。面对顾客的特殊要求或难题，员工需竭力协助，力求满足顾客期望。

2.3　尊重顾客

员工必须尊重每位顾客的个性和需求，摒弃任何歧视或偏见。在接待中，应保持礼貌、谦逊，杜绝使用不恰当言辞或态度。同时，要严格保护顾客隐私，绝不泄露其个人信息。

2.4 积极主动

员工需主动为顾客提供服务，而非被动等待要求。在顾客需要时，应主动询问并提供协助。此外，员工还可主动推荐店铺特色产品或优惠，以提升顾客购买意愿和满意度。

2.5 持续改进

员工应持续收集并分析顾客反馈，以不断完善服务。对于顾客的投诉或建议，需认真聆听并妥善处理，确保问题得到及时解决。同时，通过参与培训或分享经验，不断提升服务水平和专业素养。

3 顾客接待沟通技巧：倾听理解，有效沟通

生鲜店顾客接待过程中的沟通技巧，对于增强顾客满意度及构筑和谐的客户关系具有重要作用。通过持续改进和提升员工的沟通技能，生鲜店能够向顾客提供更为出色、更符合期望的服务体验。有关具体的沟通技巧如图10-3所示。

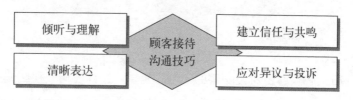

图10-3 顾客接待沟通技巧

3.1　倾听与理解

（1）全神贯注地倾听。在顾客阐述需求和问题时，务必给予充分的关注和倾听。通过点头示意、微笑回应或适当的语言反馈，向顾客传达关心和理解。

（2）适时提问并确认。在倾听过程中，通过提出针对性问题来确保准确捕捉顾客的需求点。同时，对顾客的陈述进行确认，以加强沟通的准确性和效果。

3.2　清晰表达

（1）语言简洁易懂。在回应顾客咨询或提供建议时，采用简明扼要、通俗易懂的措辞。避免使用晦涩难懂的专业术语，以减少顾客的困惑。

（2）保持积极语态。始终以正面的态度和语言与顾客交流，避免使用负面或消极的表达，从而确保顾客的购物体验不受影响。

3.3　建立信任与共鸣

（1）保持诚实透明。与顾客交流时，应提供真实可靠的信息，避免夸大或隐瞒事实。通过展示诚信，赢得顾客的信赖。

（2）寻求情感共鸣。尝试站在顾客的角度思考问题，深入理解他们的需求和情感。通过表达共鸣和关心，与顾客建立深厚的情感联系。

3.4　应对异议与投诉

（1）冷静应对问题。面对顾客的异议或投诉时，应保持冷静和耐心，认真倾听并努力理解他们的诉求。

（2）积极寻求解决方案。针对顾客的异议或投诉，应积极探寻有效的解决方法。若问题无法即刻解决，应坦诚告知顾客，并承诺尽快跟进处理。

4　提供定制化服务：个性服务，满足需求

生鲜店推出的定制化服务，无疑是一种既新颖又深度契合消费者需求的商业模式。此服务模式能够依据不同顾客的独特需求、口味倾向、健康标准等诸多因素，量身打造个性化的生鲜产品及服务，进而全方位满足顾客的多元化需求，有效增强顾客的满意度与忠诚度。

4.1　定制化食材包

依据顾客的膳食需求、健康状况（例如糖尿病、高血压等慢性疾病）以及个人口味倾向，量身定制专属的食材包。

例如，针对糖尿病患者，我们可以提供低糖且高纤维的食材组合；对于高血压患者，则推出低盐、低脂的食材搭配方案；若顾客热衷健身，我们可推荐富含高蛋白、低脂肪的精选肉类与蔬菜组合；而那些注重养生之道的顾客，则可选择我们富含膳食纤维和维生素的蔬果套餐。

4.2　个性化烹饪指导

基于顾客选购的食材，提供针对性的烹饪技巧与个性化菜谱推荐，助力顾客充分利用所购食材，烹制出色香味俱佳的佳肴。同时，开设专业烹饪课程或工作坊，邀请名厨现场传授技艺，让顾客亲手学习打造特色美食。

4.3　特殊节日或活动定制

在传统节日（如春节、中秋等）或特殊活动（如家庭聚会、朋友聚餐）之际，提供专门定制的生鲜食材礼包和套餐，为顾客提供一站式购物体验。同时，还提供节日主题的装饰性食材与精美包装，为庆祝活动增添浓厚的节日氛围。

4.4　会员制个性化服务

通过建立会员制度，系统收集并分析会员的购物记录与偏好，进而为每位会员提供精准的商品建议、独家优惠及尊贵服务。此外，根据会员等级的不同，提供差异化的定制服务，例如高级会员将享有专属的食材定制与快捷配送服务。

4.5　环保与可持续定制

提供环保型包装定制选项，根据客户需求采用可降解、可循环使用的包装材料，以降低对环境的污染。同时，积极推广可持续农产品与有机食材，为关心环境及健康的消费者提供专门定制的有机食材组合。

生鲜店在实施定制化服务时，需要注意如图10-4所示的几点。

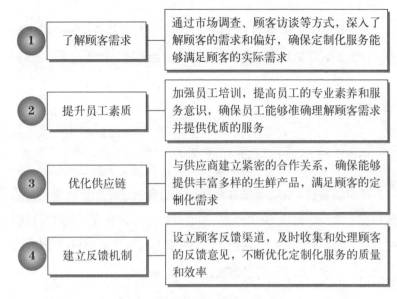

1 了解顾客需求　通过市场调查、顾客访谈等方式，深入了解顾客的需求和偏好，确保定制化服务能够满足顾客的实际需求

2 提升员工素质　加强员工培训，提高员工的专业素养和服务意识，确保员工能够准确理解顾客需求并提供优质的服务

3 优化供应链　与供应商建立紧密的合作关系，确保能够提供丰富多样的生鲜产品，满足顾客的定制化需求

4 建立反馈机制　设立顾客反馈渠道，及时收集和处理顾客的反馈意见，不断优化定制化服务的质量和效率

图10-4　实施定制化服务的注意事项

5 完善物流配送：快速准确，确保满意

完善物流配送是确保顾客能够及时、安全地收到所购商品的关键环节。因此，生鲜店应采取相应措施，逐步完善物流配送体系，提升顾客满意度和忠诚度。

5.1 配送模式选择

在配送模式方面，生鲜店可以采取以下两种方式。

（1）自营配送模式。生鲜店可以组建自身的专属配送团队，实现从仓储到顾客收货点的全程配送服务。此模式优势在于能更好地把控配送品质与服务标准，但相应地，也需要更多的资金和人力投入。

（2）第三方配送合作。通过与专业的物流公司建立合作关系，利用其现成的配送网络及服务能力来完成商品的送达。该模式有助于降低生鲜店的运营成本，但须确保与物流公司的协作流畅，以维持高效的配送服务及品质。

5.2 配送流程优化

（1）精准高效的订单处理。生鲜店应构建一套高效的订单处理体系，以保障订单信息的准确无误，并及时传达给配送团队。同时，借助智能调度系统，实现配送任务的合理分配，进而提升配送效率。

（2）科学规划配送路线。利用尖端的物流管理系统结合数据分析工具，对配送路径进行优化设计，旨在缩减配送耗时与成本。此外，通过实时交通信息动态调整配送路线，以规避交通拥堵。

（3）专业包装与保鲜措施。考虑到生鲜商品的独特性，应采用专门的包装材料和保鲜技术，以保障商品在配送途中的新鲜度和完整性。同时，根据不同商品的保存期限和运输需求，设定合理的配送时限。

在选择包装材料时，生鲜店应考虑如图10-5所示的几个因素。

5.3 配送服务提升

（1）实时信息更新。借助物流追踪系统，实时为顾客提供详尽的配送信息，涵盖订单进度、配送人员当前位置以及预计的交货时间等关键数据。此举旨在协助顾客更有效地管理自身时间，从而优化其购物体验。

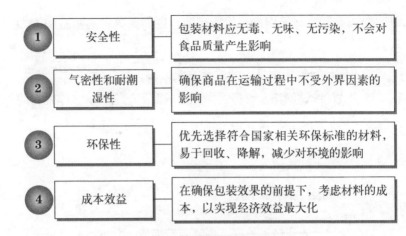

图10-5 选择包装材料应考虑的因素

（2）确保配送时效。确立清晰的配送时效标准，并致力于实现准时交付的承诺。一旦因各类因素导致配送延误，将立即与顾客进行有效沟通，并提供妥善的解决策略。

（3）配送员培训。致力于强化配送人员的职业操守和专业技能培训，以提升其服务理念和应对紧急情况的能力。确保配送人员在执行任务时始终保持专业形象和友善态度，为顾客提供卓越的服务品质。

（4）售后服务。构建健全的售后服务体系，以应对配送环节中可能出现的商品受损或遗失等问题。对于顾客的投诉，迅速响应并提供切实可行的解决方案。通过周到细致的售后服务，旨在增进顾客的信赖并巩固其忠诚度。

6 提升售后服务：贴心跟进，解决疑虑

优质的售后服务不仅可以解决顾客在购物过程中遇到的问题，

还能提升店铺的整体形象和口碑。因此，生鲜店应以顾客为中心，关注顾客的需求和体验，不断提升售后服务水平，具体措施如图10-6所示。

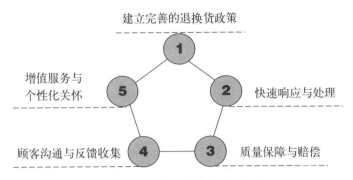

图10-6　提升售后服务水平的措施

6.1　建立完善的退换货政策

鉴于生鲜食品的特有属性，通常不支持无理由的退换货。然而，在商品质量存在瑕疵、数量与订单不符或在运送中受损等特定情境下，顾客应有权提出退换货申请。因此，生鲜店需构建一套完备的退换货政策，该政策需清晰界定退换货的资格条件、操作步骤及时间限制，以保障顾客在合理范畴内能享受到应有的退换货服务。面对由商品质量或配送问题引发的退换货需求，生鲜店应积极回应，开辟便捷的退换货途径，并迅速妥善地解决问题。

 生意经

退换货政策应明确、公平，并在店铺内显著位置进行公示，确保顾客能够了解并接受。

6.2　快速响应与处理

在顾客提出售后问题时，生鲜店需立即做出反应并迅速处理。建议设立专门的客户服务团队或指派售后专员，利用在线客服、电话服务以及社交媒体等多种渠道，为客户提供全方位的支持。他们的主要职责是回应客户咨询、处理各项投诉以及退换货的相关事宜。面对客户所提出的问题，必须认真聆听、详尽核查，并提供切实可行的解决方案。

6.3　质量保障与赔偿

生鲜店应确保销售的所有商品均达到既定的质量和安全标准。若因商品质量瑕疵给客户带来任何损失或不便，生鲜店需承担相应的赔偿责任。例如，可以提供退款、换货服务，或者提供其他形式的补偿，以挽回客户的损失并重建其信任。

6.4　顾客沟通与反馈收集

与顾客的沟通是售后服务的重要一环。生鲜店可以通过电话、微信、邮件等多种方式与顾客保持联系，及时解答顾客的疑问和关注。

设置顾客反馈渠道，通过调查问卷、在线评价等方式收集顾客对商品、服务和售后等方面的意见和建议，以便不断改进和提升。同时，积极回应顾客的投诉和建议，展现店铺对顾客意见的重视和解决问题的决心。

6.5 增值服务与个性化关怀

除了基本的售后服务外，生鲜店还可以提供一些增值服务，如烹饪指导、营养搭配建议等，以增加顾客的购物体验和满意度。同时，对于常客或VIP顾客，可以提供个性化的关怀和优惠，如生日祝福、节日礼物等，以增强顾客的忠诚度和黏性。

案例分享

某顾客走进一家生鲜店，打算购买一些新鲜的食材。店员小张热情地迎上前去，微笑着询问顾客的需求。顾客表示想要购买一些海鲜产品，用于当晚的家庭聚餐。小张立即引导顾客来到海鲜区域，并详细介绍了各种海鲜的特点和烹饪方法。

在挑选过程中，小张注意到顾客对某种鱼类不太熟悉，便主动介绍该鱼的产地、口感和适合的烹饪方式。顾客听后表示非常感谢，觉得小张非常专业且贴心。同时，小张还根据顾客的购买量，为顾客提供了合适的包装和保存建议，确保食材的新鲜度能够保持到晚餐时。

在结算时，小张发现顾客购买的商品总价略高于预算，便主动提出为顾客推荐一些性价比更高的替代品。顾客听后欣然接受，并对小张的服务表示赞赏。最后，小张还亲自将顾客送到店门口，并叮嘱顾客如有任何问题随时联系。

案例点评：

这个案例展示了生鲜店顾客接待服务的重要性。通过热情周到的服务、专业的产品知识和贴心的建议，生鲜店能够赢得顾客的信任和满意。同时，这也是生鲜店提升顾客体验、塑造品牌形象的有效途径。在未来的经营中，生鲜店可以继续优化服务流程、提升员工素质、关注顾客需求，以提供更优质的服务体验。

当然，不同的生鲜店和不同的顾客会有不同的需求和情况，因此在实际服务过程中，生鲜店应根据具体情况灵活应对，确保为顾客提供个性化的服务体验。

第11章

业务拓展与探索

在门店管理中，业务拓展具有举足轻重的地位，它能为门店带来更多的市场份额和利润。通过扩大产品或服务的范围，门店可以满足更加多样化的顾客需求，进而提升销售额。在竞争激烈的市场环境中，这种拓展策略能够使门店脱颖而出，并实现持续稳健的发展。

🔍📋 【要点解读】▶▶▶ - - - - - - - - - - - - - - - -

1 增加商品种类：丰富多样，满足需求

通过科学规划和有效执行，生鲜店可以通过增加商品种类，满足消费者的多样化需求，提升店铺的竞争力和市场地位。具体来说，生鲜店要增加商品种类可从图11-1所示的几个方面来入手。

1.1 市场调研与需求分析

在计划扩充商品种类之前，务必进行深入的市场调研，以洞察当地消费者的购物模式、喜好及需求动向。同时，对竞争对手所售

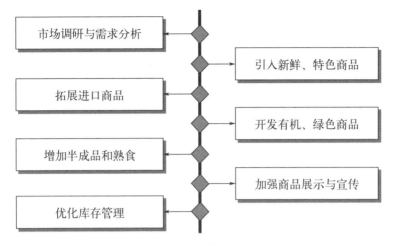

图 11-1　增加商品种类的措施

卖的商品类型及其特色进行全面剖析，从而发掘出自身的独特卖点与创新空间。

1.2　引入新鲜、特色商品

依据市场调研的数据，精心挑选并引入广受消费者欢迎的新颖特色商品，例如特色蔬菜、水果以及精选肉类等。同时，要密切关注商品的季节性特征，根据不同季节的市场需求灵活调整商品组合，如在夏季加大水果的供应种类，冬季则增加根茎类蔬菜的备选品种。

1.3　拓展进口商品

为了满足消费者对高品质与独特风味商品的追求，应积极引进进口生鲜产品，如海外直采的海鲜、异域风味的进口水果等。同时，要着力构建稳定可靠的进口渠道，以确保所售商品始终保持上乘质量与稳定的货源供应。

1.4　开发有机、绿色商品

随着公众健康观念的日益增强，消费者对有机及绿色食品的青睐不断升温。因此，生鲜店铺应当顺应这一趋势，积极引入有机蔬菜、草饲肉类等健康食品，以满足这部分市场的特定需求。此外，与信誉良好的有机农场建立起长期合作关系也至关重要，这不仅能保障所售商品的有机认证资质，更能为消费者提供值得信赖的品质保证。

1.5　增加半成品和熟食

为满足消费者对购物便利性的需求，生鲜店铺应当扩充半成品及熟食的产品线，如推出精致切好的水果拼盘、美味沙拉以及香烤全鸡等。在提供这些便捷食品的同时，必须严格保障其新鲜度与卫生安全，从而增强消费者的购买信心与忠诚度。

1.6　加强商品展示与宣传

对于新引入的商品，应进行精心的陈列设计与展示，利用醒目的标示牌与吸引人的包装来抓住消费者的目光。同时，通过店内促销活动、社交媒体宣传等多元化渠道，积极推广新品的特点与优势，以此提升消费者的产品认知度并激发其购买欲望。

1.7　优化库存管理

在丰富商品种类的过程中，亦需重视库存管理的优化工作，以确保商品供应的稳定性及库存周转的高效性。结合销售数据与消费者反馈，科学调整各类商品的库存量，旨在减少积压现象并杜绝资源浪费。

综上所述，生鲜店铺应综合考虑市场调研、引入新颖特色商品、拓展进口产品线、开发有机绿色食品、增加半成品与熟食选择、强化商品展示与营销推广以及优化库存管理等多个维度，以全面提升经营效益与顾客满意度。

② 布局线上渠道：线上线下，融合发展

生鲜店拓展线上销售渠道，不仅是必要的，而且是极其有效的经营策略。这一举措能够显著扩大市场覆盖范围，提升品牌的市场影响力，并有效满足消费者不断增长的线上购物需求。关于线上渠道布局的具体要点如图11-2所示。

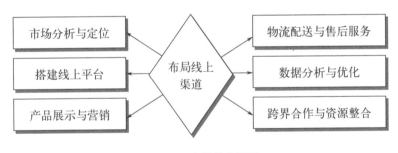

图11-2　布局线上渠道

2.1　市场分析与定位

在布局线上之前，生鲜店要进行深入的市场分析，了解线上生鲜市场的竞争态势、消费者需求以及行业趋势。确定目标市场和目标客户群体，为线上业务制定明确的定位和发展方向。

2.2　搭建线上平台

选择适合自身业务需求的线上销售渠道，如自建电商网站、入驻第三方电商平台或开发移动APP。确保线上平台的设计简洁、易操作，并具备良好的用户体验，以便吸引和留住消费者。

2.3　产品展示与营销

在线上平台上充分展示生鲜产品的品质、种类和价格等信息，通过高清图片、详细描述和客户评价等方式吸引消费者。同时，制定有效的营销策略，如优惠活动、限时折扣、满减等，提高线上业务的转化率和销售额。

2.4　物流配送与售后服务

建立完善的物流配送体系，确保生鲜产品的新鲜度和及时性，提升消费者的购物体验。提供优质的售后服务，如退换货政策、在线客服等，解决消费者在购买和配送过程中遇到的问题。

2.5　数据分析与优化

利用数据分析工具跟踪线上业务的表现，包括访问量、转化率、客户满意度等指标。根据数据分析结果调整产品策略、营销策略和物流配送等方面，不断优化线上业务，提升竞争力。

2.6　跨界合作与资源整合

寻求与其他线上平台、物流公司或金融机构等的跨界合作，整合资源，提升线上业务的综合实力。通过合作引入更多流量和优质资源，推动线上业务的快速发展。

生意经

在布局线上渠道的过程中，生鲜店需要注重线上线下融合，确保线上线下的品牌形象、产品质量和服务水平保持一致。同时，不断关注市场动态和消费者需求变化，灵活调整策略，以适应不断变化的市场环境。

3 线上线下融合：无缝对接，提升效率

线上线下融合是指生鲜店结合线上平台和线下实体店，打造O2O（online to offline）商业模式。通过线上平台提供预订、支付、配送等服务，线下实体店提供体验、自提或即时配送等选项。

生鲜店实现线上线下融合是一种必然趋势，它不仅可以拓展销售渠道、提升运营效率，还可以为消费者提供更便捷、更丰富的购物体验。生鲜店要实现线上线下融合，需要从多个方面入手，具体如图11-3所示。

3.1 建设线上平台与线下门店的无缝对接

（1）官方网站与APP开发。生鲜店可以开发自己的官方网站和APP，提供商品展示、在线下单、支付结算等功能，使消费者能够随时随地浏览和购买商品。

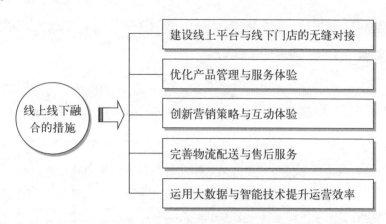

图 11-3　线上线下融合的措施

（2）数据共享与同步。确保线上平台与线下门店的商品信息、库存数据、会员信息等实时同步，以便消费者在任何渠道都能获得一致的信息和服务。

3.2　优化产品管理与服务体验

（1）商品品质与种类。线上线下应提供相同品质的商品，同时丰富商品种类，以满足不同消费者的需求。

（2）会员体系与服务。建立统一的会员体系，线上线下均可积分、兑换礼品或享受优惠。同时，提供个性化的服务，如定制食材包、获取烹饪指导等。

3.3　创新营销策略与互动体验

（1）线上线下促销活动。通过线上线下联动的促销活动，如满减、折扣、买一赠一等，吸引消费者参与并提升购买意愿。

（2）社交媒体与互动。利用微信、微博等社交媒体平台开展互动营销，如发布美食教程、举办线上问答等，增强与消费者的互动和黏性。

3.4　完善物流配送与售后服务

（1）快速配送服务。提供快速、准时的配送服务，确保生鲜产品的新鲜度和完整性。同时，支持多种配送方式，如定时配送、自提等。

（2）售后服务与反馈。建立完善的售后服务体系，处理消费者的投诉和建议。同时，积极收集消费者的反馈意见，不断优化产品和服务。

3.5　运用大数据与智能技术提升运营效率

（1）数据分析与精准营销。通过收集和分析消费者的购物数据，实现精准的商品推荐和营销策略制定。

（2）智能技术与设备应用。引入智能购物车、无人结账等技术设备，提升购物体验的同时降低运营成本。

4　拓宽业务领域：精准布局，拓展无限

在保持生鲜业务优势的基础上，生鲜店可以逐步拓展相关领域，如熟食、半成品等，以满足消费者一站式购物的需求，实现业务多元化发展，具体策略如图11-4所示。

4.1　市场调研与定位

在拓展熟食和半成品业务之前，生鲜店应进行详尽的市场调研，了解目标消费者的需求和偏好。分析竞争对手在熟食和半成品领域

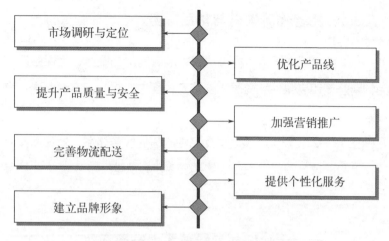

図 11-4 生鲜店拓展相关领域具体策略

的产品种类、价格、质量等方面的情况，为自身定位提供参考。

4.2 优化产品线

根据市场调研结果，制定适宜的熟食和半成品产品线，包括不同口味、营养搭配和价格区间的产品。注重产品的创新和差异化，以满足消费者的多样化需求。

4.3 提升产品质量与安全

对于熟食和半成品，食品安全和质量至关重要。建立严格的食品安全管理制度，确保原材料来源可靠、加工过程卫生。定期进行产品质量检测和评估，确保产品符合相关标准和消费者期望。

4.4 加强营销推广

利用社交媒体、线上平台、线下活动等多种渠道进行宣传推广，提高消费者对生鲜店熟食和半成品的认知度。可与当地企业、社区等合作，开展联合营销活动，扩大市场份额。

4.5　完善物流配送

针对熟食和半成品的特性，建立完善的物流配送体系，确保产品新鲜、准时送达消费者手中。优化配送路线和方式，降低运输成本，提高配送效率。

4.6　提供个性化服务

根据消费者的需求和偏好，提供个性化的熟食和半成品定制服务，如特定口味、营养搭配等。建立会员制度，为会员提供积分兑换、专属优惠等福利，增强消费者黏性。

4.7　建立品牌形象

注重品牌形象的塑造和传播，通过优质的产品和服务提升品牌知名度和美誉度。建立品牌口碑，通过消费者口碑传播，吸引更多潜在消费者。

5　深化社区服务：细致入微，关怀备至

生鲜店加强与社区的合作是业务拓展的重要策略之一，它有助于提升店铺知名度、增强消费者黏性，并进一步拓展市场份额。具体策略如图11-5所示。

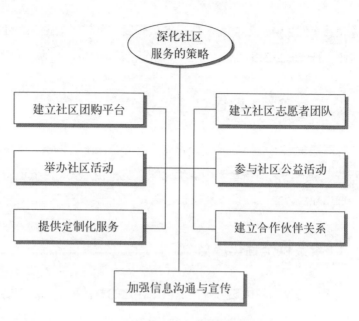

图 11-5　深化社区服务的策略

5.1　建立社区团购平台

生鲜店可以与社区管理机构或社区组织合作，建立社区团购平台，为社区居民提供便捷的购物方式。通过线上平台，如手机APP或微信小程序，让居民随时随地浏览和购买生鲜产品，实现线上线下的无缝对接。

5.2　举办社区活动

定期举办各类社区活动，如生鲜知识讲座、烹饪比赛、亲子活动等，吸引社区居民的参与。通过活动，不仅可以增加店铺与居民的互动，还能提升生鲜店在社区中的知名度和影响力。

5.3 提供定制化服务

根据社区居民的需求和偏好，提供定制化的生鲜产品服务。

比如，根据家庭人口结构推荐合适的食材搭配，或根据节日习俗提供特色食材等。

5.4 加强信息沟通与宣传

利用社区公告栏、微信群、社区广播等渠道，及时发布生鲜店的促销信息、新品上市等动态。与社区媒体合作，进行店铺形象宣传，提升品牌认知度。

5.5 建立社区志愿者团队

鼓励社区居民参与生鲜店的志愿服务，如协助店铺宣传、组织活动等。通过志愿者团队，增强社区居民对生鲜店的归属感和忠诚度。

5.6 参与社区公益活动

积极参与社区的公益活动，如捐款捐物、环保活动等，展示企业的社会责任和担当。通过公益活动，提升生鲜店在社区中的良好形象和口碑。

5.7 建立合作伙伴关系

与社区内的其他商家或服务提供商建立合作伙伴关系，共同开展促销活动或提供优惠服务。通过合作，实现资源共享和互利共赢，进一步拓展生鲜店的业务范围。

总之，生鲜店加强与社区的合作需要注重多方面的策略实施，全面提升生鲜店在社区中的影响力和竞争力。通过与社区的深度合作，生鲜店能够更好地满足居民的需求，实现业务的持续增长。

6 开展跨界合作：创新融合，共赢发展

生鲜店开展跨界合作是一种创新的商业模式，可以带来多方面的优势和效益。

6.1 与餐饮行业合作

（1）合作开发特色菜品。与知名餐厅或厨师合作，共同研发并推广特色菜品。这样不仅可以提升生鲜店的商品附加值，还能吸引更多食客前来品尝。

（2）食材供应与配送。为餐厅提供新鲜、高品质的食材，并确保及时、准确配送。通过与餐厅建立长期合作关系，生鲜店可以稳定其销售渠道，同时确保食材的新鲜度和品质。

6.2 与社区及文化活动结合

（1）社区活动支持。赞助或参与社区举办的各类活动，如邻里节、慈善义卖等，提供生鲜食材作为奖品或赠品，增加品牌曝光度。

（2）文化节庆合作。结合传统节庆或文化活动，推出主题食材或礼盒，如中秋节的月饼礼盒、春节的年菜组合等。

6.3 与健康产业合作

（1）健康饮食推广。与健康食品品牌或营养师合作，共同推广健康饮食理念。通过举办健康讲座、提供营养咨询等方式，引导消费者关注健康饮食，并购买相关生鲜产品。

（2）定制健康食材包。根据消费者的健康需求，与健康产业合作伙伴共同开发定制化的健康食材包。例如，为糖尿病患者提供低糖、高纤维的食材组合。

6.4 与金融机构合作

（1）推出联名信用卡或优惠活动。与金融机构合作，推出联名信用卡或优惠活动，鼓励消费者在生鲜店消费并享受相关优惠。

（2）金融服务支持。借助金融机构的资金和资源支持，生鲜店可以扩大经营规模、优化供应链管理等，提升整体竞争力。

在开展跨界合作时，生鲜店需要注意如图11-6所示的几点。

 选择合适的合作伙伴：确保合作伙伴与生鲜店的品牌形象、市场定位和发展战略相契合

 明确合作目标和利益分配：与合作伙伴共同制定明确的合作目标和利益分配机制，确保双方都能从中获得实际利益

 注重合作过程的沟通与协调：加强与合作伙伴之间的沟通与协调，确保合作过程的顺利进行，并及时解决合作中可能出现的问题

图11-6　开展跨界合作的注意事项

位于城市繁华商业地带的××生鲜店，自开业伊始便以提供新鲜、优质且多样化的食材而广受赞誉。然而，面对市场竞争加剧及消费者多变的需求，该店深感业务创新与拓展的迫切性，以期吸引更广泛的顾客群体并扩大市场占有率。

业务拓展与探索过程如下：

1.线上线下融合升级

为顺应数字化潮流，××生鲜店着手对其线上平台进行升级，推出了功能全面的APP和微信小程序。这些平台不仅展示了各类商品、提供在线订购及支付服务，更融入了个性化商品推荐、智能菜谱匹配以及营养搭配建议等增值功能。同时，线下门店也进行了翻新和优化布局，极大提升了购物体验的舒适度和便捷性。值得一提的是，该店还实现了线上线下会员体系的一体化，确保顾客在任何渠道都能享受到无差异的优惠与服务。

2.社区生鲜配送服务

为满足周边社区居民的需求，××生鲜店推出了贴心的社区生鲜配送服务。居民们只需通过线上平台下单，并选择方便的送货时间，即可享受家门口的便捷购物。此外，根据社区居民的购买偏好，该店还精心设计了如家庭套餐、健康食材包等定制产品，以满足不同家庭的特殊需求。

3.跨界合作与品牌联动

××生鲜店积极探索与其他行业的合作机会。例如，与当地知名餐厅联手推出特色佳肴，并在店内特设试吃区域，让顾客在购买前就能真切体验到食材的绝妙口感。同时，该店还与健身中心、美容机构等展开合作，推出联合会员卡，使顾客在享受健身美容服务时，亦能享受到生鲜店的独家优惠。

4.体验式营销与活动推广

为吸引更多潜在顾客，××生鲜店精心策划了一系列体验式营销活动。例如，邀请名厨现场进行烹饪教学，让顾客深入了解食材的烹饪技巧与营养价值；组织亲子烘焙活动，在增进家庭情感的同时，也让顾客对生鲜产品有更深入的了解。此外，该店还巧妙利用社交媒体，发布美食制作教程、食材知识分享等内容，与顾客实时互动，从而有效提升品牌的知名度和美誉度。

案例点评：

××生鲜店经过一系列精心策划和实施的业务拓展策略，收获了显著的效果。其线上平台的用户基数显著扩大，同时，销售额也呈现出稳定增长的态势。社区生鲜配送服务深受社区居民的喜爱，这一创新举措为店铺持续吸引了稳定的客流量。此外，通过跨界合作与品牌间的联动，该店的品牌知名度和市场影响力得到了显著提升。而体验式营销与多样化的活动推广，则进一步巩固了消费者与品牌之间的紧密联系。

综上所述，××生鲜店凭借线上线下全面融合、创新的社区配送服务、多元化的跨界合作以及富有吸引力的体验式营销等战略，成功地推动了业务的广泛拓展与深入探索。这些策略的实施，不仅大幅增强了店铺的市场竞争力，提升了市场份额，更为广大消费者提供了更为便捷、多元的购物体验。

第12章

风险管理与合规之道

关键词：
识别风险
有效应对
合规经营

门店管理的核心环节之一是合规管理与风险控制。在竞争日趋激烈的商业环境下，门店需应对多样的风险和合规难题。唯有实施高效的风险管理和严格的合规举措，门店方能提升风险应对效率、强化风险防范机制，并维护其良好的经营声誉，从而保障门店的稳定运营与长远发展。

【要点解读】▶▶▶ -

1 供应链风险防范：稳固链条，确保无忧

生鲜店应充分认识到供应链风险的重要性，并采取有效措施进行防范和应对，以确保供应链的稳定性、安全性和可持续性。

1.1 供应链风险表现

供应链风险表现如表12-1所示。

表 12-1　供应链风险表现

序号	风险表现	具体说明
1	供应商稳定性	由于各种原因，供应商可能会出现供货不稳定的情况，这种情况将直接影响到店铺的日常运营
2	价格波动	生鲜产品的价格常常受到季节变化、气候条件以及市场需求等多重因素的共同影响，因此价格波动可能会比较大。这种价格波动对于店铺的成本控制和盈利能力可能会产生显著的影响
3	运输与储存	生鲜产品对于运输和储存的环境有着较为严苛的要求。如果在这些环节中处理不当，很可能会导致产品出现变质，进而增加损耗

1.2　供应链风险防范措施

为了降低供应链的风险，生鲜店可以采取如表12-2所示的措施。

表 12-2　供应链风险防范措施

序号	防范措施	具体说明
1	优化供应商选择与管理	（1）严格筛选供应商，确保供应商具有良好的信誉、稳定的供货能力和合规的经营行为 （2）建立供应商评估体系，定期对供应商进行绩效评估，对不合格供应商及时进行调整或替换。 （3）与供应商建立长期稳定的合作关系，通过合同约束和激励机制，确保供应商提供的产品质量和服务水平
2	做好价格管理	（1）为了应对价格波动风险，生鲜店应密切关注市场动态，合理预测价格走势 （2）通过与供应商协商、调整采购策略等方式降低采购成本

序号	防范措施	具体说明
3	加强物流与仓储管理	（1）采用先进的物流管理系统，实时监控货物的运输状态，确保货物按时、安全到达 （2）优化仓储布局，采用科学的储存方法，确保生鲜产品在储存过程中保持新鲜度和品质 （3）加强仓库管理，定期检查库存情况，及时处理过期、变质等不合格产品
4	提高信息化水平	（1）引入先进的供应链管理信息系统，实现供应链各环节的信息共享和协同作业 （2）利用大数据、人工智能等技术手段，对供应链数据进行深度分析和挖掘，提高供应链的预测和决策能力
5	制定应急预案	（1）针对可能出现的供应链中断、自然灾害等突发事件，制定详细的应急预案 （2）建立应急响应机制，确保在突发事件发生时能够迅速、有效地应对
6	加强合作与沟通	（1）与供应商、物流公司等合作伙伴保持良好的沟通与合作关系，共同应对供应链风险 （2）积极参与行业组织和交流活动，了解行业动态和最佳实践，提升供应链的整体竞争力

2 食品安全风险防范：严控品质，守护健康

生鲜店需要全方位地关注和管理食品安全风险，从源头到销售，每一个环节都不能忽视。只有这样，才能确保为消费者提供安全、健康的生鲜产品。

2.1 食品安全风险表现

食品安全风险表现如表12-3所示。

表 12-3　食品安全风险表现

序号	风险表现	具体说明
1	生鲜产品特性带来的风险	蔬菜、水果、肉类等生鲜产品的新鲜度和品质，受季节更替、环境条件、储存方式等多重因素影响，具有易腐坏和变质的特点。不恰当的储存和运输环境可能会导致产品新鲜度下降，甚至出现变质，进而引发食品安全问题。另外，生鲜产品有时还可能受到农药、重金属等有害化学物质的污染，这些物质对人体健康具有潜在的危害
2	源头污染的风险	在生鲜产品的种植、养殖或捕捞阶段，若管理措施不到位，产品可能受到农药、化肥、兽药以及重金属等污染物的侵袭。这些污染物有可能通过食物链传递给人类，对消费者的身体健康造成潜在威胁
3	加工环节的风险	生鲜产品在加工时，若卫生条件不达标或操作失误，可能会引发微生物污染，如细菌和病毒等。同时，添加剂和防腐剂的使用也是一个风险因素，尤其是当它们被过量或不当使用时，可能会对人体健康造成不良影响
4	运输与销售环节的风险	在生鲜产品的运输和销售期间，如果环境条件如温度、湿度等控制不当，可能会导致产品变质或被污染。此外，销售人员的操作不规范或设备清洁不足，也可能进一步加剧食品安全的风险

2.2　食品安全风险防范措施

为了降低食品安全的风险，生鲜店可以采取如表12-4所示的措施。

表 12-4　食品安全风险防范措施

序号	防范措施	具体说明
1	加强供应商管理	（1）严格筛选供应商，确保其备合规经营资质和良好的信誉 （2）与供应商建立长期稳定的合作关系，明确双方的责任和义务，确保供应商遵循食品安全法规和标准

序号	防范措施	具体说明
1	加强供应商管理	（3）定期对供应商进行质量评估，包括对其产品的抽样检测，确保其提供的产品符合食品安全要求
2	优化采购流程	（1）制订详细的采购计划，明确所需产品的种类、数量和质量要求 （2）对采购的生鲜产品进行严格的验收，确保其新鲜、无破损、无污染 （3）建立完善的库存管理制度，对生鲜产品进行分类储存，确保其在适宜的条件下保存
3	加强店内管理	（1）建立完善的食品安全管理制度和操作规范，确保员工了解并遵守 （2）定期对店内环境、设备和工具进行清洁和消毒，防止交叉污染 （3）设立食品安全员，负责定期对食品进行日常检查，及时发现并处理过期、变质或不符合安全标准的食品
4	加强员工培训	（1）定期对员工进行食品安全培训，提高其食品安全意识和操作技能 （2）确保员工了解并掌握食品安全知识和法规，能够正确处理和保存生鲜产品
5	建立食品安全追溯体系	（1）采用信息化手段，建立食品安全追溯体系，记录生鲜产品的来源、加工、储存、运输和销售等环节的信息 （2）一旦出现食品安全问题，能够迅速追溯到问题源头，并采取有效措施进行处理
6	加强食品安全宣传	（1）通过店内宣传、社交媒体等渠道，向消费者传递食品安全知识，提高其对食品安全的关注度和认知度 （2）鼓励消费者参与食品安全监督，共同维护食品安全

3　市场竞争风险防范：敏锐洞察，稳固地位

生鲜市场的竞争日趋激烈，新开张的生鲜店铺必须迎接来自农贸市场和其他大型超市等现有竞争对手的挑战。这些竞争对手或许

能提供更具优势的价格、更丰富的产品线或具有更高的品牌知名度，从而对新生鲜店以加大的市场竞争压力。

3.1 市场竞争风险表现

市场竞争风险表现如表12-5所示。

表12-5 市场竞争风险表现

序号	风险表现	具体说明
1	价格竞争风险	生鲜市场具有高度的价格敏感性，消费者往往对价格变化反应迅速。因此，生鲜店需要面对来自竞争对手的价格压力，如果不能有效地控制成本并提供具有竞争力的价格，可能会导致市场份额的流失
2	品种丰富度风险	消费者对于生鲜产品的种类和品质有着多样化的需求。如果生鲜店在品种丰富度上无法与竞争对手相抗衡，或者无法及时引进新的、受欢迎的产品，可能会失去消费者的青睐
3	服务质量风险	在生鲜市场竞争中，服务质量也是影响消费者选择的重要因素。如果生鲜店在服务方面无法提供便捷、高效、友好的体验，可能会导致消费者转向其他竞争对手
4	品牌知名度风险	品牌知名度对于生鲜店的市场竞争力具有重要影响。如果生鲜店在品牌建设方面投入不足，或者品牌形象不佳，可能会导致消费者对其产生不信任感，从而选择其他更具知名度的品牌
5	新业态冲击风险	随着科技的进步和消费者购物习惯的变化，生鲜电商、无人超市等新业态不断涌现，对传统生鲜店构成了新的挑战。这些新业态往往具有更高的便捷性和更低的成本优势，可能会对传统生鲜店的市场份额造成冲击

3.2 市场竞争风险防范措施

为了降低市场竞争的风险，生鲜店可以采取如表12-6所示的措施。

表12-6　市场竞争风险防范措施

序号	防范措施	具体说明
1	精准定位与市场细分	（1）生鲜店应明确自己的目标客户群体，并进行精准的市场定位。通过深入了解消费者的需求、购买习惯和偏好，制定符合其需求的产品和服务策略 （2）对市场进行细分，针对不同客户群体提供差异化的产品和服务，以满足不同消费者的需求
2	提升产品品质与服务水平	（1）注重产品质量和食品安全，确保所售生鲜产品新鲜、健康、无污染 （2）提升服务水平，包括提供便捷的购物环境、快速的结账服务、友好的员工态度等，以增强消费者的购物体验
3	加强品牌建设与宣传	（1）建立独特的品牌形象，通过品牌故事、品牌文化等方式提升品牌知名度和美誉度 （2）利用各种宣传渠道，如社交媒体、广告、线下活动等，扩大品牌影响力，吸引更多消费者
4	优化价格策略	（1）根据市场情况和竞争对手的价格策略，制定合理的定价策略，确保价格具有竞争力 （2）通过促销、会员优惠等方式，吸引消费者并保持其忠诚度
5	拓展销售渠道	（1）利用线上平台，如自建电商网站、入驻第三方电商平台等，拓展销售渠道，增加销售额 （2）与其他业务进行合作，如与餐饮企业合作提供食材供应，或与其他零售店合作进行联合促销等，以扩大市场份额
6	建立稳定的供应链	（1）与供应商建立长期稳定的合作关系，确保货源充足、品质稳定 （2）对供应链进行优化，降低采购成本，提高运营效率，以应对市场竞争带来的压力
7	关注市场动态与竞争对手	（1）密切关注市场动态和竞争对手的动态，及时调整经营策略 （2）对竞争对手的产品、价格、服务等进行定期分析，以便制定有效的竞争策略

4 经营管理风险防范：稳健运营，避免风险

生鲜店在经营管理过程中面临的风险多种多样，这些风险可能来自各个方面，影响生鲜店的正常运营和盈利，对此，生鲜店需要采取一系列措施来确保业务的稳定运营和持续发展。

4.1 经营管理风险表现

经营管理风险表现如表12-7所示。

表12-7 经营管理风险表现

序号	风险表现	具体说明
1	人员管理	生鲜店需要雇佣员工进行日常经营和管理。如果员工素质不高，缺乏必要的食品安全知识和操作技能，或者管理不善导致员工工作效率低下、服务态度差等，都可能影响生鲜店的形象和声誉
2	财务管理	生鲜店在运营过程中需要投入大量资金，包括采购成本、租金、人员工资等。如果财务管理不善，如成本控制不当、资金流转不畅等，可能导致生鲜店面临财务危机
3	营销策略	营销策略不当或缺乏创新可能导致店铺缺乏吸引力，影响销售业绩

4.2 经营管理风险防范措施

为了降低经营管理的风险，生鲜店可以采取如表12-8所示的措施。

表 12-8　经营管理风险防范措施

序号	防范措施	具体说明
1	加强员工管理	（1）严格筛选和培训员工，确保其具备必要的素质和技能 （2）建立激励机制和考核机制，提高员工的工作积极性和责任感 （3）加强员工间的沟通和协作，营造和谐的工作氛围 （4）定期对员工进行绩效考核和反馈，及时发现和解决员工工作中的问题
2	加强财务管理	（1）建立完善的财务管理制度，规范财务流程 （2）严格控制成本和支出，提高盈利能力 （3）加强资金管理和现金流预测，确保资金流动性 （4）定期进行财务审计和风险评估，及时发现和解决财务风险
3	做好营销管理	（1）定期进行市场调研，深入了解消费者的需求、购买习惯和偏好，根据市场变化及时调整市场定位和产品策略 （2）精准制定促销和广告策略，确保投入与回报相匹配。选择合适的宣传渠道和方式，同时，注重品牌形象的建设和维护，避免过度依赖促销手段

5　法律法规风险防范：合规经营，稳健前行

　　生鲜店在经营过程中需要遵守一系列的法律法规，以确保合法经营和保障消费者权益。然而，由于法规的复杂性和多变性，生鲜店在遵守法律法规方面也存在一定的风险。

5.1　法律法规风险表现

　　法律法规风险表现如表12-9所示。

表 12-9　法律法规风险表现

序号	风险表现	具体说明
1	合同风险	生鲜店在与供应商、合作伙伴等签订合同时，可能因合同条款不明确或存在不公平条款而导致合同纠纷。例如，供应商可能在合同中设置不利于生鲜店的条款，或者在合同履行过程中违反约定
2	知识产权风险	生鲜店在经营过程中可能使用到他人的商标、专利等知识产权，如果未经授权或未支付相关费用，就可能面临知识产权侵权的风险
3	广告与宣传风险	生鲜店在进行广告宣传时，可能因宣传内容不实、夸大其词或涉及违法违规内容而违反广告法等相关法律法规

5.2　法律法规风险防范措施

为了降低法律法规的风险，生鲜店可以采取如表12-10所示的措施。

表 12-10　法律法规风险防范措施

序号	防范措施	具体说明
1	加强合同管理	在签订合同前，生鲜店应认真阅读合同条款，确保条款内容明确、公平、合法。对于不清楚或有疑问的条款，应及时咨询专业律师或法律顾问的意见
2	尊重知识产权	生鲜店在使用他人的商标、专利等知识产权时，应确保获得合法授权并支付相关费用。同时，也应加强自身的知识产权保护意识，及时申请和保护自身的知识产权
3	规范广告宣传	生鲜店在进行广告宣传时，应确保宣传内容真实、准确、合法。避免使用夸大其词或涉及违法违规内容的宣传方式，以免触犯相关法律法规

案例分享

近年来，随着消费者对食品安全问题的关注度不断提高，生鲜店在经营过程中面临着诸多风险，如食品过期、存储不当、供应商问题等。为了确保食品安全和顾客健康，××生鲜店决定加强风险防控工作。

1.风险识别与评估

××生鲜店首先开展了深入的风险识别与全面评估工作。借助对历史数据的详尽分析，店铺确定了产品过期与储藏不当为其两大核心风险点。同时，也意识到供应商的质量问题对店铺声誉及顾客满意度构成的潜在威胁。

2.制定风险防控措施

针对识别出的风险点，××生鲜店制定了一系列风险防控措施：

（1）强化食品质量管理机制：确立严格的食品采购、验收、储藏及销售流程，从而确保食品质量始终符合国家相关标准。

（2）引入前沿的智能库存管理系统：通过高科技手段实时监控库存状态，有效预防食品过期与浪费现象。

（3）严格筛选供应商：与有资质、信誉良好的供应商建立长期合作关系，定期对供应商进行质量评估和审计。

（4）加强员工培训：定期对员工进行食品安全和风险防控方面的培训，提高员工的风险意识和应对能力。

3.实施风险防控措施

××生鲜店将制定的风险防控措施付诸实践：

（1）设立专门的食品安全管理部门，负责监督食品质量管理和风险防控工作的执行情况。

（2）在店内设置明显的食品保质期提示标识，提醒员工和顾客注意食品保质期。

（3）采用先进的冷链运输技术，确保食品在运输过程中保持适当的温度，避免食品变质。

（4）建立顾客投诉处理机制，对顾客的投诉进行及时处理和反馈，以便及时发现和解决潜在问题。

4.风险防控效果评估与改进

经过一阶段的实践后，××生鲜店对风险防控的成效进行了系统评估。通过实施前后的数据对比，店铺发现产品过期与储藏不当的问题已得到控制，同时顾客满意度也实现了大幅提升。

然而，××生鲜店并未止步于此，而是持续对风险防控措施进行精细化调整与优化，例如加强供应商的现场审核流程、引入更为先进的库存管理系统等，旨在进一步提升风险防控的整体水平。

5.总结

通过本轮风险防控的实践探索，××生鲜店不仅成功降低了自身的运营风险，还有效提升了品牌形象与顾客满意度，实现了双赢的局面。

案例点评：

此案例不仅充分展现了××生鲜店在风险防控领域的显著成就，同时也为同行业其他生鲜店铺提供了宝贵的借鉴与参考。借助强化的风险防控措施，生鲜店能更有效地应对多样化的挑战和风险，从而确保其持续稳健发展。

第13章

持续发展与
扩张战略

关键词：
战略规划
精准执行
寻求扩张

生鲜店在确保产品品质与服务质量的基础之上，通过持续优化供应链管理、提高商品新鲜度和丰富品种，生鲜店能够吸引并留住更多的顾客，实现持续发展与扩张的目标。

【要点解读】▶▶▶ ------------------------

1 提供优质产品：品质卓越，赢得信赖

提供优质产品符合社会发展和消费者需求的变化趋势，有助于生鲜店实现可持续发展目标。优质的产品不仅能够吸引和留住顾客，还能够提升店铺的口碑和竞争力。通过如表13-1所示措施的实施，生鲜店可以提供优质的产品，满足顾客的需求和期望，从而赢得顾客的信任，实现持续发展。

表 13-1　提供优质产品的措施

序号	采取措施	具体说明
1	严格把控货源	（1）与可靠的供应商建立长期合作关系，确保货源的稳定性和可靠性 （2）对供应商进行严格的筛选和评估，确保其具备合法资质和良好的信誉 （3）定期对供应商进行质量抽查和审计，确保其提供的产品符合相关标准和要求
2	加强品质管理	（1）设立专门的品质管理部门或人员，负责全面监控和管理产品的品质 （2）制定并执行严格的产品验收标准，确保进入店铺的商品都符合质量标准 （3）对不符合质量标准的商品进行及时处理，避免其进入销售环节
3	优化产品组合	（1）根据市场需求和顾客喜好，不断调整和优化产品组合 （2）引入新鲜、特色、健康的生鲜产品，满足顾客的多样化需求 （3）定期进行市场调研和顾客调查，了解顾客对产品的反馈和建议，以便及时改进和调整
4	提升储存和保鲜技术	（1）采用先进的储存和保鲜技术，确保产品的新鲜度和口感 （2）对不同种类的生鲜产品进行分类储存，避免交叉污染和相互影响 （3）定期对储存设施进行检查和维护，确保其正常运行和有效性
5	加强食品安全管理	（1）严格遵守国家相关食品安全法律法规，确保产品的安全卫生 （2）定期对员工进行食品安全培训，提高他们的食品安全意识和操作技能 （3）建立食品安全事故应急预案，及时应对和处理可能出现的食品安全问题

2 提升服务体验：细致入微，超越期待

生鲜店要实现持续发展，提升服务体验是至关重要的一环。优质的服务体验不仅能够吸引更多的顾客，还能够增强顾客的忠诚度和口碑传播效应。对此，生鲜店可以从图13-1所示的几个方面入手来提升客户服务体验。

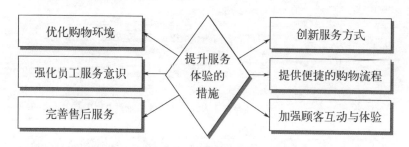

图13-1　提升服务体验的措施

2.1　优化购物环境

首先，生鲜店应确保店面整洁、明亮，商品陈列有序、美观。通过合理的布局和陈列设计，让顾客能够轻松找到所需商品，提升购物便利性。此外，还可以考虑增加一些舒适的休息区域，让顾客在购物之余能够休息和放松。

2.2　强化员工服务意识

员工是提升服务体验的关键。生鲜店应加强对员工的培训和教育，提升他们的服务意识和专业技能。员工应具备良好的沟通能力和耐心，能够主动为顾客提供帮助和解答疑问。同时，还可以建立

激励机制，鼓励员工提供优质服务，提升顾客满意度。

2.3　完善售后服务

售后服务是提升服务体验的重要环节。生鲜店应建立完善的退换货制度和投诉处理机制，确保顾客在遇到问题时能够得到及时、有效的解决。此外，还可以通过定期回访、发放优惠券等方式，维护与顾客的良好关系，提升顾客忠诚度。

2.4　创新服务方式

随着科技的发展，生鲜店可以积极创新服务方式，提升服务体验。例如，可以开发线上购物平台，提供便捷的在线购物服务；利用大数据分析顾客购物习惯，为顾客提供个性化的商品推荐；开展会员制度，为会员提供积分兑换、专属优惠等特权。

2.5　提供便捷的购物流程

设立清晰的商品分类和指示标识，方便顾客快速找到所需商品。提供自助结账系统或移动支付选项，减少顾客排队等候时间。对于忙碌的顾客，提供预约购物和送货上门服务，满足他们的便利需求。

2.6　加强顾客互动与体验

在店内设置互动区域，如试吃台或烹饪演示区，让顾客能够亲自体验商品的口感和特色。举办烹饪课程或主题活动，邀请顾客参与，增加顾客与店铺的互动和黏性。设立顾客反馈箱或在线评价系统，积极收集顾客意见和建议，及时改进服务。

3 加强品牌建设：塑造形象，树立口碑

一个强大的品牌不仅可以提升店铺的知名度和影响力，还能增强消费者的信任度和忠诚度，从而推动业务的持续增长。对此，生鲜店应注重品牌建设的各个环节，可采取如图13-2所示的措施来逐步建立起强大的品牌形象。

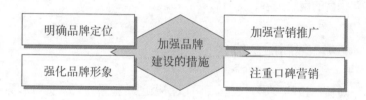

图13-2　加强品牌建设的措施

3.1　明确品牌定位

首先，生鲜店需要明确自己的品牌定位，即店铺在市场中的位置和目标消费群体。通过深入了解目标消费者的需求、喜好和购买习惯，生鲜店可以精准地定位自己的品牌形象，从而在市场中形成独特的竞争优势。

3.2　强化品牌形象

生鲜店可以通过统一的店面设计、装修风格和品牌形象标识，来强化品牌形象。店面的外观和内部环境应体现出生鲜店的特色和理念，给消费者留下深刻的印象。同时，店铺的员工也应穿着统一的服装，佩戴统一的标识，以展现品牌的统一性和专业性。

3.3　加强营销推广

营销推广是提升品牌知名度和影响力的有效手段。生鲜店可以利用各种渠道进行品牌推广，如社交媒体、广告、线下活动等。通过定期发布促销信息、新品推荐、活动预告等内容，吸引消费者的关注和参与。

此外，还可以与当地的社区、企事业单位等建立合作关系，共同开展品牌推广活动，扩大品牌的影响力。

3.4　注重口碑营销

口碑是品牌建设的重要推动力。生鲜店应鼓励消费者在购买后对商品和服务进行评价和分享，以便让更多的人了解到店铺的优势和特色。可以通过设置评价系统、开展用户反馈活动等方式，收集消费者的意见和建议，并及时进行改进和优化。

4　加强人才培养：汇聚英才，共筑未来

生鲜店要实现持续发展，人才培养是一个核心环节。一个优秀的团队可以推动生鲜店在市场竞争中保持优势，提供高质量的服务，以及持续创新和改进。通过以下措施，生鲜店可以培养出一支高素质、有能力的团队，为持续发展提供有力保障。

4.1　明确人才培养目标

首先，生鲜店需要明确人才培养的目标，即希望员工具备哪些技能、知识和素质。这可以根据生鲜店的发展战略和市场需求来确定。

比如，提高员工的销售技巧、客户服务能力、产品知识等。

4.2　制订培训计划

根据人才培养目标，生鲜店需要制订详细的培训计划。培训计划可以包括新员工入职培训、在职员工提升培训、管理层领导力培训等。

4.3　实施多元化培训方式

为了提升培训效果，生鲜店可以采用如图13-3所示的多种培训方式。

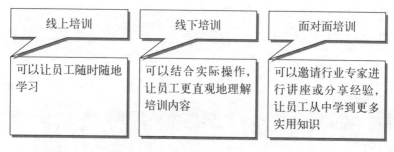

线上培训	线下培训	面对面培训
可以让员工随时随地学习	可以结合实际操作，让员工更直观地理解培训内容	可以邀请行业专家进行讲座或分享经验，让员工从中学到更多实用知识

图13-3　生鲜店可采用的多种培训方式

4.4　建立激励机制

为了激发员工的学习热情和积极性，生鲜店需要建立相应的激励机制。

比如，可以为参加培训并取得优秀成绩的员工提供奖励或晋升机会；同时，还可以设立学习标兵、优秀员工等荣誉称号，以表彰表现突出的员工。

4.5 加强内部沟通与协作

良好的内部沟通与协作是人才培养的重要保障。生鲜店可以定期组织团队建设活动，促进员工之间的交流和合作；同时，建立有效的沟通机制，让员工能够及时反馈工作中的问题和建议，以便管理层及时调整培训计划和策略。

4.6 关注员工职业发展

生鲜店应关注员工的职业发展，为员工提供清晰的晋升通道和职业规划。这不仅可以激发员工的工作动力，还有助于生鲜店建立稳定、忠诚的团队。

5 开设分店：拓展版图，实现增长

生鲜店在扩张过程中开设分店是一项重要的战略举措，通过科学规划和精心执行，生鲜店可以成功开设分店，实现品牌的进一步扩张和市场份额的提升。

生鲜店在扩张过程中开设分店需注意如图13-4所示的要点。

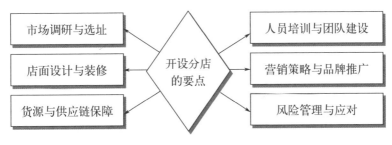

图13-4　开设分店的要点

5.1 市场调研与选址

首先，进行深入的市场调研至关重要。了解目标市场的消费者需求、竞争态势、行业趋势等信息，有助于为新店选址提供有力依据。在选址时，应综合考虑人流量、交通便利性、周边竞争情况等因素，确保新店具备良好的市场基础。

5.2 店面设计与装修

新店的店面设计和装修应体现品牌特色，与现有店铺保持一致性。同时，注重细节处理，如照明、陈列、通风等，为消费者营造舒适、便捷的购物环境。此外，店面装修还应符合当地文化和审美习惯，以更好地融入当地市场。

5.3 货源与供应链保障

为确保新店开业后能够稳定运营，应提前与可靠的供应商建立合作关系，确保产品的新鲜度和质量。同时，建立完善的供应链管理体系，确保产品的及时供应和配送。此外，考虑采用先进的仓储和物流技术，提高运营效率，降低成本。

5.4 人员培训与团队建设

新店开业前，应对员工进行系统的培训，包括产品知识、服务技能、销售技巧等方面。通过培训，提高员工的业务水平和服务意识，确保他们能够胜任新店的运营工作。同时，加强团队建设，提高员工的凝聚力和归属感。

5.5　营销策略与品牌推广

制定有针对性的营销策略，如开业优惠、会员制度、线上线下互动等，吸引消费者关注和购买。同时，利用社交媒体、广告投放等渠道进行品牌推广，提高新店的知名度和美誉度。此外，可以考虑与当地社区、企事业单位等建立合作关系，开展联合营销活动，扩大品牌影响力。

5.6　风险管理与应对

在开设分店的过程中，应密切关注市场动态和竞争态势，及时识别潜在风险。针对可能出现的风险，制定相应的应对措施，如调整营销策略、优化产品结构等。同时，保持与总部的紧密联系，及时汇报经营情况，获取支持和帮助。

6　寻求加盟合作：携手共进，共创辉煌

生鲜店在寻求扩张的过程中，加盟合作是一个有效且常见的策略。通过加盟合作，生鲜店可以快速进入新市场，扩大品牌影响力，并借助加盟店的资源和管理经验，实现更低成本和更高效率的扩张。生鲜店通过加盟合作实现扩张时需注意如图13-5所示的要点。

6.1　制定加盟策略与标准

首先，生鲜店需要明确自己的加盟策略和目标，包括想要吸引的加盟店类型、加盟店的地理位置、加盟费用及利润分配方式等。同时，制定详细的加盟标准，包括加盟店的经营能力、资金实力、信誉度等方面的要求，以确保加盟店的质量和品牌形象。

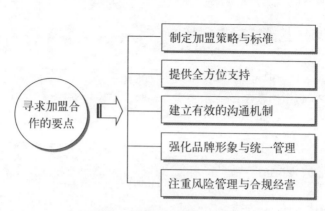

图13-5　寻求加盟合作的要点

6.2　提供全方位支持

生鲜店应为加盟店提供全方位的支持，包括产品供应、技术支持、培训服务、市场推广等方面，具体如图13-6所示。

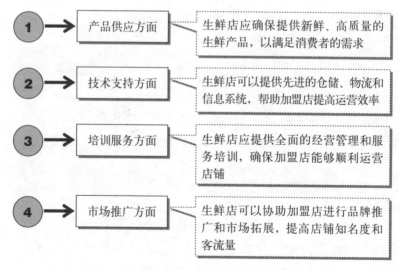

图13-6　提供全方位支持的内容

6.3　建立有效的沟通机制

生鲜店与加盟店之间应建立有效的沟通机制，定期交流经营情况、市场变化等信息，以便及时调整经营策略。同时，生鲜店应关注加盟店的反馈和建议，不断优化加盟政策和支持措施，提高加盟店的满意度和忠诚度。

6.4　强化品牌形象与统一管理

在加盟合作过程中，生鲜店应强化品牌形象，确保所有加盟店在店面设计、装修风格、产品陈列等方面保持一致。同时，实行统一管理，对加盟店的经营行为和服务质量进行监督和指导，确保加盟店符合品牌要求。

6.5　注重风险管理与合规经营

生鲜店在扩张过程中应注重风险管理和合规经营。在签订加盟合同前，应对加盟店进行严格的审查和评估，确保其具备合法经营资质和良好信誉。同时，遵守相关法律法规和行业规范，确保加盟店的合法性和合规性。

生意经

通过以上措施，生鲜店可以通过加盟合作实现有效扩张，同时保持品牌形象和服务质量的一致性。在扩张过程中，生鲜店应不断总结经验教训，优化加盟政策和支持措施，以适应市场变化和加盟店的需求。

××生鲜店，自开业以来，凭借其优质的生鲜产品、出色的服务以及精准的市场定位，逐渐在竞争激烈的生鲜市场中脱颖而出。

1.初创期——奠定坚实基础

××生鲜店在初创期，注重产品品质和客户服务。店主严格筛选供应商，确保进货渠道的可靠性和安全性。同时，店内环境整洁、明亮，陈列摆放有序，方便顾客挑选。此外，××生鲜店还提供了快捷的购物体验和优质的售后服务，赢得了顾客的信任和口碑。

2.扩张期——拓展市场份额

随着业务的发展，××生鲜店开始寻求扩张。首先，在地理位置上，××生鲜店选择了人口密集、消费能力强的区域开设新店，以扩大市场份额。其次，在产品线方面，××生鲜店不断引入新品种、新口味的生鲜产品，以满足不同顾客的需求。此外，××生鲜店还加强了线上销售渠道的建设，通过电商平台和自建网站，实现了线上线下融合的经营模式。

3.优化管理与创新——提升核心竞争力

在扩张过程中，××生鲜店始终注重优化管理和创新。首先，在员工管理方面，××生鲜店加强了员工的培训和管理，提高了员工的服务水平和专业素养。其次，在采购和库存管理方面，××生鲜店引入了先进的供应链管理系统，实现了采购、库存、销售等环节的信息化和智能化管理。此外，××生鲜店还不断创新营销手段，如推出会员制度、优惠券活动等，吸引更多顾客光顾。

4.合作与共赢——构建产业生态链

为了实现更广泛的扩张，××生鲜店积极寻求与其他企业的合作与共赢。首先，××生鲜店与优质供应商建立了长期稳定的合作关系，确保产品供应的稳定性和品质。其次，××生鲜店还与其他零售企业、电商平台等进行合作，共同开展促销活动、共享资源，实现互利共赢。此外，××生鲜店还参与了当地农业合作社、农民合作社等组织，推动农产品的产销对接，为当地农业发展贡献力量。

5.品牌建设与文化传播——提升品牌影响力

随着扩张步伐的加快，××生鲜店开始加强品牌建设和文化传播。首先，××生鲜店注重品牌形象的塑造，通过统一的店面设计、标识和宣传语等，提升品牌的辨识度。其次，××生鲜店还积极参与公益活动、社区活动等，提升品牌的社会责任感和公众形象。此外，××生鲜店还利用社交媒体、短视频等新媒体平台，进行品牌宣传和文化传播，扩大品牌知名度和影响力。

案例点评：

通过持续发展与扩张，××生鲜店已经成功在多个区域开设了多家分店，并形成了较为完善的产业链和生态圈。未来，××生鲜店将继续秉承"优质、创新、合作、共赢"的经营理念，不断提升产品质量和服务水平，拓展市场份额和业务领域，实现更加广泛的发展。同时，××生鲜店还将积极关注行业趋势和市场变化，不断创新经营模式和营销策略，以适应不断变化的市场需求，保持竞争优势和领先地位。